KB233508

청춘
스크랩을
달리라

청춘 실크로드를 달리다

만리행 실크로드팀 지음

만리행
실크로드팀

만리행(萬里行)은 2000년에 한국외국어대학교 왕산캠퍼스 중국어과 학회로 탄생했다. 이후 한국외대의 세계 자전거 탐방 동아리로 자리 잡게 된다.

만 권의 책을 읽고 만 리의 길을 자전거로 달리는 그들은 현재까지 중국, 일본, 베트남, 인도, 멕시코, 쿠바, 모로코, 유럽 그리고 현재 열심히 달리고 있는 터키팀까지 총 12개국 21번의 원정을 달려오고 있다.

이 책의 주인공인 만리행 실크로드팀은 2011년 여름, 중국 실크로드를 따라 열심히 페달을 밟아온 12명의 청춘이다. 한국외국어대학교, 강원대학교 남성 대원 10명과 여성 대원 2명 총 12명이 55일간 뜨겁게 싸우고 사랑하며 달려온 길을 글과 사진으로 남겼다. 광활한 자연 속에 탄생한 멋진 사진과 피곤에 절어 있는 그들의 모습이 틈틈이 작성한 일기와 함께 생동감을 더했다.

지금 이 책을 집어든 당신, 실크로드로 같이 자전거 여행을 떠나보는 건 어떨까?

Road map

싸얼차오커
(萨尔乔克)
푸캉
(阜康)
지무싸얼
(吉木萨尔)
바리쿤
(巴里坤)
바이스터우
(白石头)
우루무치
(烏魯木齊)
싱싱샤
(星星峽)
하미
(哈密)
위먼
(玉門)
무레이하싸커자치현
(木垒哈萨克自治县)
류위안
(柳园)
자위관
(嘉峪關)
장
(張
둔황
(敦煌)
과저우
(瓜州)
칭하이호
(青海湖)
황위안
(湟源)

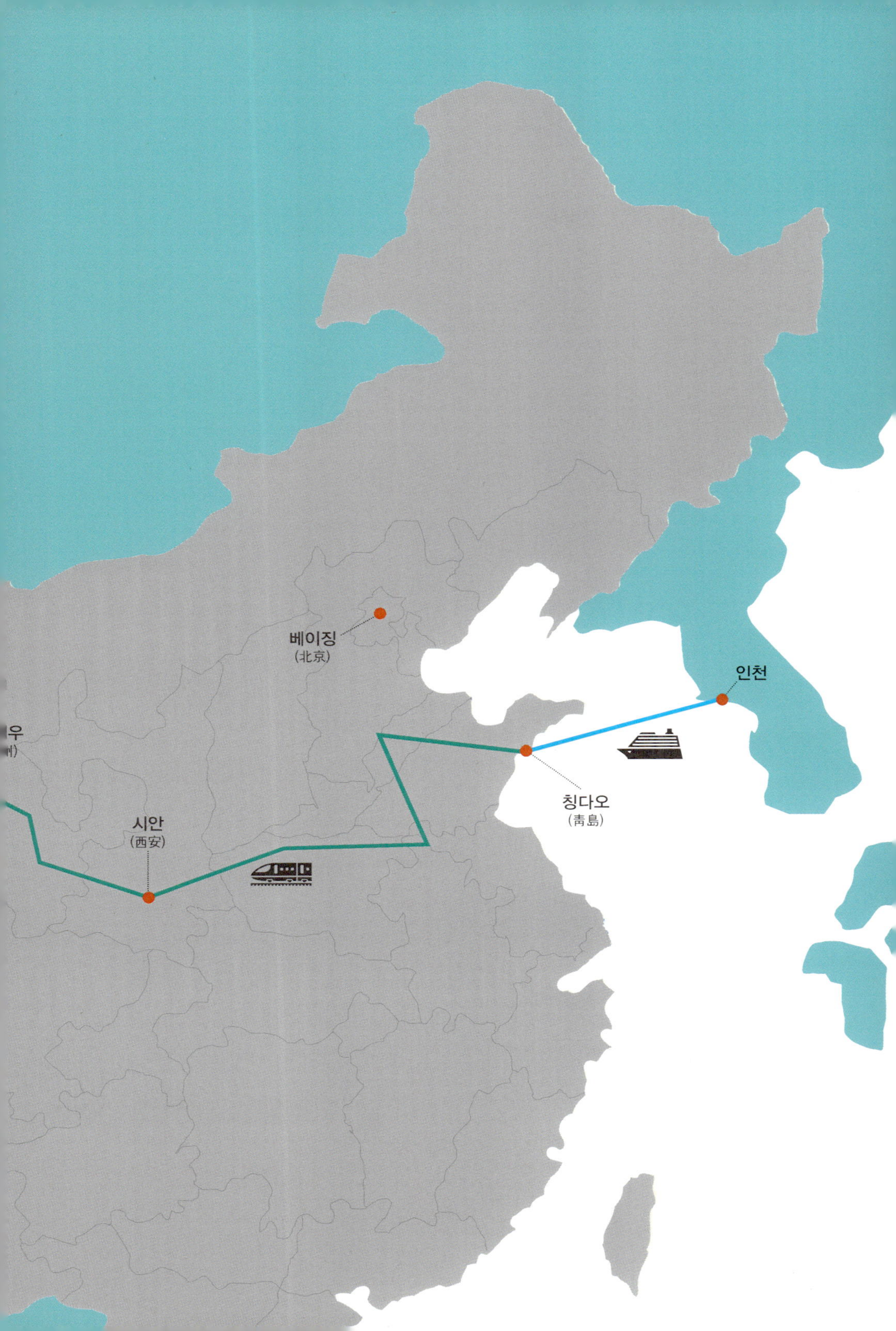

베이징
(北京)
인천
시안
(西安)
칭다오
(青島)
우

"대학생"

가볍고도 무거운 타이틀이다.
자유로움으로 날아가기에는 우리를 구속하는 것들이
너무 많은 시기이기도 하다.
치솟는 등록금과 치열한 경쟁들…….
사회는 스펙이란 타이틀로 자유로워야 할
대학생들의 활동을 획일화시키고 있다.

2011년 3월 19일 새벽 3시 26분, 나는 지구본을 돌리고 있었다. 이번 여름을 공백으로 남기고 싶지 않은 욕심에 여행주제를 찾고 있는 중이었다. 만리행 회장으로서 중국, 일본, 베트남, 인도, 유럽, 중남미까지 10년 동안 공백 없이 달려온 만리행의 역사에 먹칠을 할 수는 없었다. 그리고 만리행 회원 중 누군가는 2011년의 여름을 함께했다는 사실만으로도 평생을 함께할 친구를 만나게 될 것임을 이미 알고 있었기에 그렇게 소중한 인연을 만들어갈 기회를 회장으로서 놓치게 하고 싶지 않았다.

중국어과인 나는 중국지도를 살폈다. 중국은 이미 만리행에서 12번의 원정을 다녀온 국가로 지나치지 않은 곳이 없을 정도였다. 도대체 어디로 가야 하지? 여행 주제도, 계획도, 준비도, 앞으로 어떻게 비행기 표, 교통, 숙박을 예약해야 할지…… 아무것도 결정된 게 없었다.

그러던 어느 날이었다.

"종현아, 실크로드 어때?"

5년 전 나를 만리행으로 이끌었던 수현이 형이었다. 수현이 형은 이미 두 번의 만리행 원정으로 대장 경험이 있는 데다, 미국·캐나다까지 일주한 여행마니아였다. 든든한 지원자인 형이 함께한다면 어디든지 갈 수 있을 것 같았다. 그리고 '실크로드'라면 만리행의 창시자인 시환이 형도 아직 가보지 못했다며 추천했던 길이었다. 아무도 가지 않은 길에 대한 도전, 멋지지 않은가?

느낌이 온다. 뜨거운 태양과 땀, 하지만 달린 만큼 보답해주는 시원한 바람. 컴퓨터로 지친 눈을 풀어줄 풍경. 배고픔, 하지만 곧 우리의 허기를 달래줄 맛있는 음식. 지치고 힘들 때마다 흘리고 싶은 눈물, 하지만 함께하는 동료애로 인해 감동의 눈물로 바뀌는 그 순간.

결국 난 회장과 대장의 역할을 동시에 맡는 강행군에 돌입한다. 잠도 줄였다. 가끔은 식사를 빼먹을 때도 있었다. 하지만 괜찮았다. 준비를 하면서 흥분되는 감정을 주체할 수 없었다.

"실크로드, 기다려!"

만리행 실크로드팀 대장 이종현

Contents

1
만 권의 책을 읽고,
만 리의 길을 간다
萬里行
인천

중국에서 예로부터 전해져 내려오는 독서와 여행에 관한 구절이다. 우리는 만 권의 책을 읽고, 만 리의 길을 자전거로 여행하는 만리행萬里行이다.

2000년 한국외대 중국어과 95학번 임시환 · 정창환, 00학번 조진태 선배가 상해~홍콩 2,000km를 다녀온 것이 만리행의 첫 번째 원정이었다. 주변 사람들의 만류에도 선배들은 그들만의 자전거 여행을 시작했다. 중국어과 맹주억 교수님의 제안으로 정식 동아리로 발전시킨 것은 이듬해인 2001년의 일이었다.

2001년 조진태 · 김신영 · 안기혁 · 최낙훈 · 정창환 · 임시환 선배가 보다 성공적인 여행을 만들고자 그 체계를 갖추기 시작했다. 당시 "삼성애니콜이 북경 올림픽을 지지한다"라는 캐치프레이즈로 북경삼성전자의 협찬을 받아 자전거와 중경으로 가는 기차표를 구입할 수 있었고, 삼성에서 캠코더를 지원받아 여행기를 촬영하기 시작했다. 귀국 후 영상 편집과정에서 92학번 윤유석 선배,

책자 및 포스터 제작과정에서 편집의 달인 최명수 선배를 만나게 되며 만리행의 역사가 시작되었다.

초창기에는 중국어과 학생들이 주를 이루었지만, 원정에 참여하겠다는 의지가 있는 이들이 모여 학교, 전공 구분 없이 만리행의 역사를 함께 만들어 왔다.

학생들이 해외로 자전거 여행을 가는 것인 만큼 어려움도 많았다. 지식적으로, 경제적으로, 시스템적으로 어떻게 꾸려나갈지에 대한 고민이 남아 있었다. 원년멤버 모두 각자의 아이디어를 내놓고 스스로 실천하며 만리행 로고 및 포스터제작, 영상발표회, 스폰서 협찬, 책자 발간, 대원훈련 등 점차 그 체계를 잡아갔다. 지금까지도 이는 만리행의 근간을 이루고 있다. 오늘날 이렇듯 책을 출판할 수 있는 것도 바로 지난 12년간 선배들의 땀과 노력, 후배들의 계승 및 발전에 대한 의지로 일구어 낸 결과인 것이다.

만 권의 책을 읽고 만 리의 길을 가는 것. 자전거 위에서 우리는 책 속에서 얻은 깨달음 위에 살갗으로 느낀 산 경험을 입혀 다시 태어난다.

우리는 왜 자전거로 만 리를 가는가?

만 리를 가는데 왜 굳이 자전거인가? 기차도 있고, 차도 있다. 원거리는 비행기를 타면 몇 시간 내 도착할 수도 있다. 그런데 굳이 그 모든 길을 자전거로 가야 하는 이유를 묻지 않을 수 없을 것이다.

먼저, 비행기는 목적지만 있을 뿐 여정이란 게 없다. 있다고 해 봐야 구름 위가 전부다. 기차나 차 또한 너무 빠르다. 빨라서 많은 걸 놓친다. 여행의 묘미는 목적지에 도착하는 것이 아니라, 길을 가는 그 과정에 있는 것이기에 우리는 자전거를 타고 간다.

자전거 위에서는 오롯이 우리가 가는 길을 마주할 수 있고, 그곳에 사는 사람들과 교감할 수 있다. 변해가는 모든 여행의 순간에 온 몸과 마음으로 흠뻑 젖어들 수 있다. 그리고 이는 순전히 내 두 다리에 의존해서 가야 하기에 산을

넘고 강을 건너는 과정에서 역경 극복이라는 엄청난 경험을 하게 된다. 아마 그 과정에서 겪는 심경의 변화와 깨달음이 만리행의 매력인 것 같다.

무엇보다 몸과 마음이 지칠 때면 눈앞엔 어느새 시원한 자연풍광과 맛있는 현지 음식이 기다리고 있다는 것. 단순하지만 이렇게 우리는 다시 달려나갈 힘을 얻는다. 이것이 우리가 자전거로 만 리를 가는 이유다.

2011 실크로드팀의 탄생

만리행은 보통 방학마다 해외원정팀을 꾸린다. 대개는 유경험자가 원정의 대장으로 나서서 원정 국가와 목표를 정하고 팀원을 모집하는 식이다. 원정목표가 정해지면 교내에 포스터를 붙이거나 아는 친구들에게 홍보하여 대원을 모집하는데, 원정을 나가겠다는 대장이 없으면 해당 방학에는 팀이 결성되지 않는다. 그러나 2011년에는 대장 이종현과 부대장 김수현이 동시에 마음속으로 여행을 꿈꾸고 있었다. 그리고 나머지 10명의 대원은 마치 운명에 이끌리듯 저마다 다른 이유로 만리행 동아리방의 문을 두드리게 된다. 그렇게 2011년 여름 실크로드팀이 탄생하게 되었다.

12명의 대원들과 그들이 실크로드를 가게 된 이야기를 들어보자.

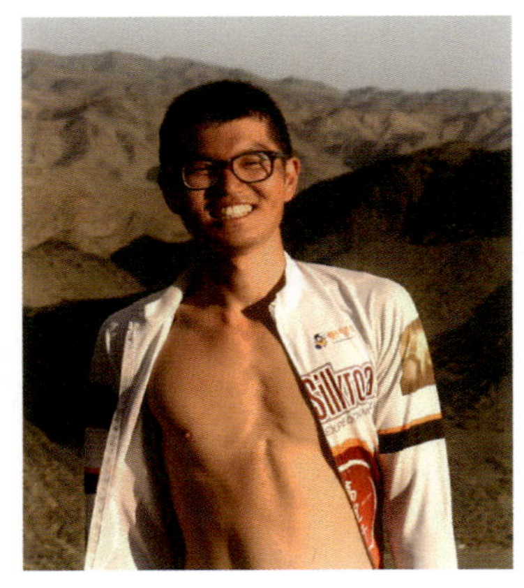

대장 **이종현**

(중국어통번역 07)

23살. 만리행에 대학생활을 바치고자 실크로드팀을 기획한다. 고된 여정 속에서도 초인의 모습을 보이며 무한긍정, 무한에너지의 이초 대장으로 자리매김하였다. 늘 '함께'해야 한다는 주의로 12명이 모두 하나가 될 수 있도록 원정대를 이끌었다.

"여행은 나를 솔직 대담하게 한다. 일단 여행자가 되면 부끄럼 없이 두리번거릴 수 있다. 모든 것에 신기해하고, 마음껏 다가서서 즐기고 웃는 나의 모습을 볼 수 있다. 그러나 일상에서의 나는 다르다. 빨리 걷고, 빨리 먹는다. 서울에서는 잠시 멈춰 서서 무언가를 바라보거나 그를 사진 혹은 기록으로 남기는 것이 어색하다. 그저 빠른 흐름 속에 스쳐지나갈 뿐. 이번 여행을 마칠 때엔 내가 '여행하는 사람'의 모습이었으면 좋겠다. 솔직하게, 더욱 다가갈 수 있게.

과거에 동양과 서양은 서로를 미지의 땅이라 불렀다. 뜨거운 사막과 험준한 산맥으로 가로막힌 가운데 사람들은 서로를 궁금해했다. '저 너머에는 무엇이 있을까?' 그런 사람들의 수많은 호기심은 발자취를 남기게 되었고, 그 발자취를 따라 길이 만들어졌다. 그 이름은 실크로드. 우리는 실크로드에 간다.

걸어야 갈 수 있고, 가야 볼 수 있고, 봐야 느낄 수 있다. 우리가 어떠한 발자취를 남기게 될지, 그리고 그 너머엔 어떤 길이 기다리고 있을지 모른다. 두려움과 흥분 속에 기대하며 나아갈 뿐. 난 혼자 걸으면 쉽게 지치지만, 누군가를 책임져야 할 땐 한없이 강해진다. 대장 이종현, 결코 쉽게 쓰러지지 않을 것이다!"

부대장 김수현
(영미지역학 06)

2006년 신입생 시절 중국 원정에서 무진장 고생을 하고 만리행의 매력에 빠져들었다. 청춘의 아픈 고민을 일찍 하게 되며 이듬해 2007년에는 대장으로서 일본 팀을 꾸려 후지산 정상까지 대원을 이끌었다. 대단한 정신력과 체력으로 팀을 이끄는 데 큰 힘이 되었다.

"복학 후 점잔을 빼는 껍데기와는 달리 마음속엔 언제나 한 주먹 크기의 단단한 동요가 살아서 꿈틀거렸다. 끝없이 펼쳐진 길을 따라서 자유롭게 달리고 싶었다. 자전거 안장 위에서 느꼈던 5년 전 그 뜨거웠던 중국에서의 여름이 나의 마음속에 잊히지 않는 추억으로 남아 다시 한번 나를 일으켜 세우고 있었다. 어쩌면 대학생활에서 마지막이 될지도 모르는 세 번째의 자전거 여행을 준비했다.

도움이 필요했다. 혼자 준비하고 기획하기에 내게 주어진 시간은 너무나 짧았고, 준비해야 할 것들은 너무나 많았다. 더욱이 기본적인 중국어 회화밖에 안 되는 상태로 중국팀을 꾸리기에는 많은 제약이 내 발목을 붙잡았다.

그 무렵, 1년 후배이자 세계 자전거 여행 동아리 만리행 회장을 맡고 있던 종현이는 또 다른 중국여행팀을 기획 중에 있었다.

그 어느 때보다 많은 대원들이 참여한 이번 실크로드 원정. 우리 대원들 모두가 스스로와의 싸움에서 잘 이겨내고, 서로가 서로에게 큰 힘이 되어 건강하고 안전한 원정이 될 수 있기를 바라고 노력해 본다."

영상팀장 **최재두**

(경영학 04)

실크로드팀 대표 photographer. 그의 희생정신으로 이번 우리 실크로드팀의 멋진 모습들을 남길 수 있었다. 관광 유적지에 갈 때면 평소 쌓인 독서 내공으로 깨알 같은 가이드도 해준 지식인. 취업을 앞두고 참여한 3번째 만리행 원정. 그의 용기 있는 참여에 다른 고학번들도 동참할 수 있었다.

　　"팀원과 주변 사람들이 나에게 왜 만리행을 가냐고 물을 때면 나는 내가 만리행에서 받은 것만큼 돌려주려고 참가한다고 말했다. 그러나 태연한 듯 보이는 저 말 뒤로 원정 자체가 부담이 되었던 건 사실이다. 27살이라는 적지 않은 나이, 학생이란 신분은 이미 3년 전 이야기. 선배들이 내 나이에 만리행 대장을 하면서 활동하는 모습을 봐 왔기에 스스로는 이미 부담감을 떨쳐버리지 못했다. 그런 부담감과 여행에 대한 스스로의 불확실한 마음이 결국 '만리행에서 받은 것만큼 주려고 했다'는 알량한 핑계를 만들어 낸 것이라는 생각이 든다.

　　지난날 나는 만리행을 포함한 모든 여행을 온전히 즐기지 못했던 것 같다. 이는 일상생활, 그리고 여행에서조차 솔직하지 못했던 내 탓이라고 생각한다. 그러나 이번 여행에서는 아름다운 풍경과 우리 팀원들 속에 나를 녹여내고 싶다.

　　먼 옛날 구법의 길을 떠났던 승려들처럼 이 길을 떠나면 나의 불안감과 두려움이 해소되지 않을까? 그렇게 나는 칭다오로 가는 배에 몸을 실었다."

회계 **김명준**
(국제경영학 11)

경영학과라는 이유로 막내임에도 가장 중요한 역할인 '돈'을 맡았다. 회계 담당으로서 55일간의 여정 내내 허리춤에서 돈가방을 떼 놓지 못하고 늘 지출에 걱정이 많았던 그. 2011년도 실크로드팀에서 만리행의 참맛을 느끼고, 2012년 모로코 원정에도 참여하며 신입생으로 벌써 두 번의 만리행 원정을 다녀온 멋진 녀석이다.

"2011년, 한국외국어대학교에 합격한 나는 일찍이 어떤 동아리에 들지 고민하고 있었다. 대학생만이 누릴 수 있는 어떤 특별함, 재미, 그리고 나의 취향 등을 모두 고려하다 보니 그 많던 동아리 후보들은 대여섯 개로 간추려졌고, 그중 한 동아리가 유독 내 눈과 마음을 끌었다. 바로, 만리행萬里行. 해외자전거 여행 동아리라고 소개되어 있었다.

자전거와 여행은 대학생이 되면 진짜 멋진 사람으로 살겠다는 나의 결심에 부응하기에 충분했다. 그렇게 나와 만리행의 인연이 시작되었고, 이번 여름, 나는 자전거를 타고 실크로드를 따라 달리게 되었다.

이번 여행은 단순히 실크로드 여행을 넘어선 나 스스로에 대한 도전이다. 나는 끝까지 이겨낼 것이다. 만리행에서 힘찬 도전의 첫 스타트를 끊어본다."

영상 팀 **김선호**
(강원대 경영학 08)

부대장 김수현의 고향 친구인 선호는 다른 대학에서 왔지만 금세 형, 동생들을 섭렵해버린 강원도 사나이. 영상팀에서 캠코더를 맡아 자전거 주행과 촬영을 동시에 해냈다. 2011년 여름도 그저 그런 방학을 보내게 될 거라고 생각했다던 그, 어느새 서역 만 리 지평선을 마음껏 내달리는 자신을 발견하게 된다.

"2011년 겨울비가 내리던 1월의 어느 날, 전역 후 아르바이트를 하고 있던 나는 2월 전역을 앞둔 김수현과 미래에 대해 잡담을 나눈다. 그러다가 복학하면 이번 여름방학 때 큰 거 한 방 터뜨리자고 김수현이 말을 꺼낸다. 좋은 생각이라며 나는 건성으로 맞장구를 쳐주며 머리로는 빨리 집에 들어가고 싶었다.

시간이 흘러 3월경 나는 마음의 준비를 하라는 연락을 받았다. 대수롭지 않게 생각했지만 자전거로 중국, 일본을 다녀오고, 미국에서 배낭여행까지 하고 돌아온 김수현의 이런 암시는 은근히 기대를 하게 만들었다. 이 자식은 진짜 큰 거 한 방을 준비하고 있었던 것이다.

다름 아닌 타클라마칸사막을 자전거로! 사하라사막밖에 모르는 나였지만 그건 중요하지 않았다. 완전 폼 나는 일이었다. 당연히 예스를 남발했다. 정확한 탐방 명은 실크로드 탐방. 그저 그런 방학을 보낼 줄 알았던 나는 그렇게 중국 서역으로 향하는 첫발을 내딛게 되었다."

영상팀 **김형근**
(중국학부 11)

본래 캠코더 보조촬영 담당이었으나 캠코더는 가방 속에 고이 모셔둔 채 자전거만 열심히 탔다. 그래서 그는 카메라운반팀. 주 역할은 재간둥이. 여행 초반에는 나이를 뛰어넘는 유머로 모두를 웃겨 주었는데, 원정 중반에 접어들수록 몸이 힘들어짐에 따라 말수가 적어졌다. 서울은커녕 강남 밖에서는 활동해본 적 없는 온실 속 8학군 소년이 야생의 남자로 다시 태어나는 성장통의 로드라고 봐도 좋다.

"2011년, 신입생으로 여러 동아리에 들며 나름대로 즐거운 대학생활을 보내던 중 어느덧 여름방학에 대한 압박이 밀려들었다. '무언가'를 해야 한다는 강박관념이 나를 사로잡았다. 남들에게 뒤처지지 않기 위해 스펙을 쌓아야 한다는 강박관념이 아니라, 이번 방학만큼은 오롯이 내가 하고 싶은 걸 해야 한다는 강박이었다. 때마침 아는 누나가 추천해준 만리행에 들어가 6월에 출발하는 실크로드 팀원으로 지원, 선발되었다.

자전거로 실크로드를 달린다는 것, 너무 거대한 스케일이라 감이 잘 오지 않았고, 그래서 감히 설렐 수도 없었다. 내가 이 여행을 준비하고 있다는 것도 믿기지가 않았기에 꿈을 꾸고 있는 것이 아닐까 하는 생각도 들었다. 실크로드 여행은 그렇게 '우물 안 개구리'였던 나에게는 너무나도 큰 하늘이었다. 있을 수 없는 일이었고, 영화에서나 보던 일이었고, 책이나 인터넷으로만 접했던 일이었다. 그리고 자전거로 4,000km……. 나 자신의 한계를 달려보고 싶다."

현지교류팀장 **김은혜**
(중국어통번역 06)

그녀가 사라지면 사건이 발생한다. 사고뭉치 은혜에서 탑 top 은혜로. 겉보기와 달리 멘탈만큼은 TOP인 Grace Kim이다. 현지교류팀장으로 수많은 한자의 소용돌이 속에서 늘 퍼펙트한 식당 음식 주문과 현지 교통편, 현지인 통역을 담당했다. 4학년 2학기 졸업을 앞두고 취업에 대한 불안, 주위의 시선은 잠시 내려놓은 채 청춘의 마지막을 작열하고자 자전거에 올랐다.

"대학 1학년, 학생회관 복도에서 우연히 마주친 포스터 한 장. 똑같이 옷 입은 사람 여럿이 자전거를 일렬로 세운 채 정면을 응시하고 있다. 중국, 일본을 몇 천 km 달렸다는 플래카드, 까맣게 탔지만 웃는 얼굴들. '와~ 멋지다. 대학생들은 방학 때 이런 것도 하는구나…….' 당시 학교-집 만 오가던 나에게 자전거로 어딘가를 달린다는 것은 내 세상 밖의 일이었다. 그렇게 그 포스터를 지나쳤다.

대학 4학년, 마지막 수업에서 종현이를 만났다. 같은 과 후배였지만 잘 모르는 사이던 종현이는 방학마다 자전거로 세계를 다닌다는 그 포스터 속 동아리의 회장이었다. 그리고 이번 방학에 직접 팀을 꾸린다고 했다. 순간 '이거다!'라는 마음속 외침이 들렸다. 다이내믹한 여행을 동경하던 신입생과 대학에 미련 많던 졸업예정자의 눈이 동시에 빛나는 순간이었다.

마음의 소리가 들릴 때가 있다. 정말 아주 가끔 99%가 아닌 100%의 목소리가 들릴 때가 있다. 만리행과 실크로드팀. 이게 바로 나에게 다가온 100%의 소리였고 나는 그를 따라 여름을 달리게 되었다.

힘든 결정임에도 흔쾌히 보내주신 어머니에게 다시 한번 감사의 마음을 전하고 싶다. 엄마, 환갑 생신 때 같이 못 있어 드려 죄송해요. 사랑해요."

중국인 설전品戰 전문대원 정성훈. 어떤 상황에서도 매번 주어지는 중국인과의 만남을 즐겁게 이어나가며 좋은 인연을 만들었다. 피곤에 찌든 상태에서도 현지 숙소 물색과 식당 주문, 현지인 통역을 맡은 현지교류팀의 다크호스. 여행 막바지에는 숨겨진 유머 감각과 남성미를 드러내며 남은 여행을 유쾌하게 만들어주었다.

"2년 만에 찾아온 마지막 도전의 기회. 2009년 제대 후 진로 선택의 갈림길에 있던 때처럼 2011년 또다시 기로의 순간이 다가왔다. 졸업을 앞둔 나에게 있어 이번 여행은 사회로 나가기 전 마지막 돌파구이다.

만리행은 꿈이 있는 사람들이 모인 곳이라고 생각한다. 그간 만리행 사람들을 만나보고 느꼈다. '이 사람들은 적어도 자신이 좋아서 열정적으로 하는 것이 있구나'라고……. 그들이 부러웠고, 그 모습을 배우고 싶었다. 아울러 만리행을 통해 꿈을 키워온 사람들을 알고 싶었다.

나는 그저 실크로드를 지나간 한 명의 외국인, 실크로드팀 12명 대원 중 하나로만 기억될 수도 있다. 하지만 이번 여정은 나에게 큰 기억으로 남을 것이다. 바로 내 인생의 가장 큰 문턱을 넘을 것이기에.

과거 '새로운 활로의 개척'이었던 실크로드를 앞으로 내가 개척해야 할 인생으로 보고 달리고 싶다."

현지교류팀 **박지수**
(영어학 10)

단 두 명의 여성 대원 중 동생 지수. 만리행 회장으로 한 학기를 보내고 만리행에 대한 무한 애정으로 원정에 참여했다. 남성 대원들 사이에서 공공연히 '유리멘탈'로 불렸던 그녀는 뙤약볕 아래에서 약한 모습을 보였으나, 우루무치 종착지가 가까워 오며 마지막 스퍼트로 의지의 기량을 보여줬다. 비록 말은 통하지 않지만 마음으로 현지인과 교류한 진정한 현지교류 대원. 서기로서 하루 24시간 55일 우리 팀의 활동내역을 정리했고, 때때로 감성이 묻어나는 일기로 감동을 주었다.

"'여행'이라고 할 수 있는 경험을 많이 하지는 않았다. 아마 이번 실크로드가 처음이 될 것 같다. 여행이란 '단순히 목적지에 도착하는 것'을 말하는 것이 아닌 함께하는 사람들과 함께 나누는 이야기들, 지나치는 모든 하늘과 구름과 길과 꽃들이 양념이 되어 잊을 수 없는 맛으로 버무려지는 비빔밥인 듯하다.

이번 여행엔 12명의 각기 다른 매력의 대원들이 함께하여 풍성한 비빔밥을 만들어 낼 것 같다.

나는 2학년 1학기까지의 내 대학생활을 스스로 회상하고, 누군가에게 이야기할 때 '만리행'을 빼놓고서는 말할 수 없을 정도로 매 순간 만리행과 함께했다. 하지만 1학년 때는 여러 이유로(핑계로) 만리행 원정에 참여하지 못했다.

그러나 만리행을 사랑하는 마음 하나로 2학년 때 회장을 맡게 되었고, 많은 선배들을 만났으며, 그분들이 걸어온 길을 듣고 느끼며 꿈꿔 왔다. 이번 원정을 통해 나도 이제 '만리행 역사'의 한 페이지를 쓸 수 있는 사람이 되고 싶다. 아니, 내일이면 된다!"

구조팀장 정희윤
(중국어통번역 05)

대학 1학년 때부터 지금까지 자신의 힘으로 도전할 수 있는 분야에는 모두 도전하며 살아온 멋진 청년. 남에게 의지하기보다는 자신의 열정과 노력으로 교환학생, KOTRA인턴십, 워킹홀리데이 등 많은 경험을 만들어 왔다. 대학시절 마지막 도전으로 만리행 원정에 참여했다. 타이어가 펑크 났을 때나 우리가 다쳤을 때면 나타나는 든든한 우리의 약손이다.

"실크로드는 말 그대로 나의 꿈이었다. 중국을 지나 인도를 거쳐 유럽을 돌아 시베리아 횡단열차를 타고 러시아를 가로질러 한국으로 돌아오는 여정이 나의 꿈이었다. 이처럼 가슴 벅찬 일이 있을까? 사막의 열기, 매서운 모래폭풍조차 나에게는 동경이었다.

그러나 실크로드 여행은 처음부터 그리 순조롭지만은 않았다. 동아리 박람회 중 만리행을 찾아 여행 계획을 물었을 때는 공자의 길을 따라갈 계획이라고 했다. 그때 종현이에게 넌지시 실크로드 이야기를 던져 보았다. 만리행 회원도 아닌 웬 낯선 사람이 여행 테마를 바꾸라니, 말도 안 되는 이야기다.

며칠 후, 실크로드 여행에 참여할 의사가 아직 있냐는 소식에 나는 뛸 듯이 기뻤다. 입버릇처럼 말하던 내 꿈의 첫걸음인 실크로드 여행의 기회가 드디어 찾아온 것이다.

대장과 부대장이 이끄는 이번 여행에서 깨지고 부서지면서 스스로의 부족함을 깨닫고 타인에게 의지하는 법, 누군가를 따르는 법을 배울 것이다. 이번 여행의 목표는 든든한 리더가 아닌, 충직한 팔로워가 되는 것이다."

구조팀 # 김진우
(경제학 10)

시니컬한 말투. 한마디로 상황을 정리하는 대화 종결자 진우. 소리 없이 돕는 매너남으로. 힘들거나 싫어하는 내색을 잘 하지 않아서 평소엔 도와주었는지조차 모를 만큼 티를 내지 않는다. 본인이 불편한 상황에서 알게 모르게 양보를 많이 한 대원. 늦깎이 대학생활 중 만리행 실크로드팀에 합류하며 고민으로 가득 찬 대학생활의 답을 찾아보고자 떠났다. 한때 사진동아리에서 갈고닦은 실력으로 여행 중 수동 사진기만의 감성이 묻어나는 사진을 남겨주었다.

"대학에 다니며 머릿속에 맴돌던 생각이 있었다. 나는 지금 뭘 하고 있나? 한 번 지나면 돌아오지 않는 이 시기. 다른 걸 떠나서 무언가 남들은 쉽게 해보지 않은 그러면서도 내 인생을 풍요롭게 해줄 수 있는 경험을 해보고 싶은 욕심이 생겼다. 또 여러 가지 안고 있는 고민들을 여행을 하며 정리할 수 있지 않을까 하는 생각이 들었다. 그런 생각을 하자 가슴이 두근거리며 '지름신'이 내렸다!"

구조팀 임지혁
(스페인어통번역 11)

인내심 제로zero! 만리행의 미래로 삼고자 했던 남성 대원 중 한 명이었으나, 힘들 때마다 직설적으로 표현하는 모습에 선배들은 역경 극복의 자세가 필요하다고 말했다. 좋은 아웃도어 제품이 집에 많은데 하나도 가져오질 않아 사서 고생한다며 늘 안타까워했지만 이런 요소 하나하나가 더 스펙터클한 실크로드 원정을 만들지 않았나 싶다. 그래도 공동 약품은 다 챙겨와 유용하게 사용했다. 지혁이 특유의 생각 없이, 그러나 본능에 충실한 솔직 발언은 우리의 속을 뻥 뚫어주곤 했다.

"만리행에 가입하게 된 계기는 재수로 인해 지쳐 있던 나에게 자전거로 세계를 여행한다는 것이 그저 멋져 보였고 마냥 흥미로울 것만 같아서였다. 대학교 1학년 여름, 어디론가 무조건 떠나고 싶었기에 '어디로?'라는 생각보다, '일단 가자!'라는 생각이 앞섰다. 그래서인지 실크로드 자전거 여행이라는 생각보다 해외 자전거 여행이라고 생각하고 합류하게 된 것이 만리행 실크로드팀이었다.

내가 생각했던 실크로드는 낙타로 뜨거운 사막을 가로지르는 동서 교류의 장場이었다. 하지만 시원한 산맥과 절경의 설산, 천산천지와 같은 푸른빛 호수는 실크로드가 뜨거운 사막만일 것이라는 고정관념을 깨부쉈다. 실크로드 자전거 여행은 우물 안 개구리인 나를 우물 밖으로 꺼내준 여행이 될 것이다."

2
가자, 실크로드로!
새로운 도전
베이징
(北京)
인천
시안
(西安)
칭다오
(青島)

바다를 건너 중국으로

6월 25일, 여행박사에 근무하는 심규성 선배의 도움을 받아 우리 팀 대원 12명 모두는 부푼 꿈과 설렘을 가득 안은 채 칭다오로 향하는 위동페리에 탑승한다.

여행 첫날, 궂은 날씨에 비를 맞아가면서 자전거도, 사람도 고생이다. 아침부터 고생 끝에 어찌어찌하여 인천항에 도착. 남쪽에선 태풍이 올라오고 있단다. 배 안까지 짐을 옮겨 겨우 객실에 들어오니 웬 아저씨가 다짜고짜 몇 번 자리냐고 물어보며 안내를 해줬다. 배에서 일하는 승무원인 양 이것저것 물어봐서 당황스러웠다.

배에서 혼자 떨어져 갈까 봐 조금은 걱정됐는데 다행히 2층 침대 앞뒤 4좌석 모두 우리 팀이다. 중국어과 형들은 현지화 준비한다고 열심히 중국어로 혀를 녹이고 있다. 주변에서 중국어로 하는 이야기들이 들리는 걸 보니 우리나라가 아닌 외국으로 간다는 게 조금씩 실감이 난다. 묘한 기분이다.

5시 52분, 배가 고프다. 기다리던 저녁식사. 저녁을 먹는 도중 중국손님을 위한 메뉴가 나와서 맛을 봤는데 중국 경험이 있는 사람들은 냄새를 맡자마자

"오 중국이야!" 하며 반가워했다. 나도 냄새를 맡아보았는데 한국에서는 맡지 못한 독특한 냄새였다. 진우

25일 저녁 7시, 인천항을 떠나는 위동페리의 이코노미석 침대 아래 칸에서 일기를 쓰고 있다. 여행 출발 전 일주일, 아니 20일 동안 거의 미치는 줄 알았다. 여행을 떠나기로 선택한 후 포기해야 하는 것들이 많았기에, 여행이 끝난 후에 감당해야 할 부담으로 내 마음속엔 갈등이 끊임없이 계속되었다. 하지만 내 일생 중 가장 멀리 떠나 볼 수 있는 기회라는 것에 나는 심하게 동요했고 결코 포기할 수 없다고 생각했다. 마치 무슨 병에 걸린 듯했다.

26살, 결코 어린 나이가 아닌데 여행을 준비하면서 다른 친구들보다 뒤처지는 느낌을 받았다. 여행에 대한 열정이 부족해서인지, 경험이 부족해서인지 나는 왠지 대장의 발걸음에 맞춰 가지 못하고 있었다. 하지만 벌써 인천을 떠나는 배를 탔기에 이 상황을 즐겨야 한다. 성훈

'내가 정말 중국으로 가고 있는 걸까?'

인천에서 칭다오로 향하는 배에 올라타면서도 실감이 나지 않았다. 화물칸에 자전거 12대를 싣고, 시끌벅적한 중국인들 사이를 지나 객실로 들어온 후 각자의 배표를 보며 침대를 찾고 있는데, 다짜고짜 중국인 아저씨들이 표를 보여 달라고 하며 나에게 여자는 저쪽에 아주머니들이 모여 있는 침대로 가서 자라고 지시 아닌 지시를 했다. 그러면서 내가 들고 있는 표를 자신들 옆에 있는 중국인의 표와 바꿔주려고 하는 것 아닌가! 정말 당황스러웠다.

중국인들과 지내본 경험이 있던 언니, 오빠들은 그 아저씨들의 말을 가볍게 무시하고 자신의 침대 위에 일찌감치 짐을 풀고 있었다. 그러면서 나에게 중국인들은 원래 저렇게 남의 일에 관심이 많으니 신경 쓰지 말라고 했다. 나는 이 아저씨들이 다른 손님들에게도 말을 걸고, 이것저것 참견하기에 객실을 관리하는 분인 줄 알았다. 하지만 그냥 우리와 다름없는 손님이었다.

　이리저리 배 안을 돌아다녀 보니 보이는 건 모두 중국인같이(?) 생긴 사람들, 들리는 건 모두 화내는 것 같은 중국어에 조금은 무서웠다. '적응하려면 얼마나 걸릴까? 빨리 이 모든 것에 익숙해지면 좋겠다. 그동안 갖고 있던 중국에 대한 선입견은 버리고, 중국에 왔으면 중국 음식을 맛있게 먹고, 중국 문화에 흠뻑 젖고, 중국어로 말하려고 노력하자. 지금부터는 내 두 눈으로 보는 것이 중국이다. 내 마음이 느끼는 것이 바로 중국이다. 눈과 마음을 활짝 열자! 빨리 내일 아침이 되어 중국에 두 발을 디디고 싶다'라고 일기장에 끼적거린 후 누워 잠을 청했다. 지수

　기나긴 준비 끝에 실크로드 원정길에 올랐다. 우선 나를 위해 물적·정신적 헌신을 해주신 부모님께 정말 감사하다. 좀 힘든 수속절차 끝에 배에 올라 침대를 차지한 후 패니어_{자전거용 짐가방}를 점검했다. 그런데! 디지털카메라와 고글을 동아리방에 두고 온 것 같다. 좀 더 꼼꼼하게 챙겼어야 했는데 아쉽다. 아빠가 손수 충전해주신 디지털카메라와 엄마가 사주신 비싼 고글. 내일 동아리 형한테 찾아달라고 말해야겠다.

　배가 서서히 흔들려서 머리가 아파 온다. 앞으로 두 달간의 여행을 사진으로 다 담고 싶었는데, 그나마 다행인 건 휴대폰 카메라. 이번 여행 일기는 정말 똑바로 써서 디지털카메라를 가져오지 못한 것 이상으로 남는 여행을 해야지. 그 무엇보다 안전한 여행, 나 자신에게 즐거움을 주는 좋은 여행을 하고 싶다. 내일 정오~2시쯤이면 칭다오에 도착한다. 파이팅! 지혁

거센 비바람, 험난한 여정의 전조: 칭다오

2시 반에 배에서 내렸다. 내리는데 태풍이 엄청났다. 자전거에 패니어, 공동 짐을 싣고 입국수속을 하는데 옆에 한국인 두 명이 사서 고생하러 간다고 속닥거렸다. 그래! 우리 고생하러 간다! 진우

드디어 칭다오靑島, 청도 도착! 한국어는 더 이상 보이지 않는다. 마치 북한 경찰을 연상시키는 흰색과 검은색의 제복을 입은 무표정한 중국 경찰들을 보고 있자니 이제 정말 중국에 온 것이 실감났다. 입국장 왼편에 자리를 잡은 우리는 패니어를 자전거에 단단히 묶고, 여러 장비들을 분배하여 챙긴 후 칭다오 기차역까지 달릴 준비를 했다.

칭다오 역까지 자전거를 타고 가는데 중국에서의 첫 주행을 축하하듯 비바람이 세차게 몰아쳐 눈을 뜨기조차 힘들었다. 비바람 때문에 정신없는 나를 더욱 당황시킨 것은 지나가는 차들의 경적소리! 쉬지 않고 울렸다. 중국의 도로 교통 상황을 익히 들어 어느 정도 예상은 했지만, 눈으로 직접 보니 정말 가관이었다. 신호를 무시하며 쌩쌩 달리는 것은 기본이고, 그런 차들 사이를 아무

렇지도 않게 피하며 잘도 건너다니는 사람들까지……. 아, 나 정말 중국에 왔구나! 지수

역시 대륙의 스케일이 나를 압도했다. 궂은 날씨에도 불구하고 자전거로 칭다오 역까지 이동했는데, 도로로 들어선 순간 나는 내가 외국에 있다는 사실을 실감했다. '와! 저 빌딩 좀 봐. 정말 스케일이 어마어마하군.'

굵은 빗줄기와 무섭게 달리는 차들로 인해 겨우 칭다오 역에 도착한 우리는 근처에 호텔을 잡았다. 그때 나온 비용이 980위안. 회계였던 나는 당시 이게 비싼 건지 싼 건지 구분도 못한 채 돈을 냈다. 나중에 알고 보니 꽤 비싼 편이었다. 그러나 방도 좋았고 음식도 아주 풍족하게 먹었다. 마치 내일부터 시작될 고된 여행을 위한 만찬처럼 우리는 중국 특유의 둥근 테이블에 한 상 가득 음식을 차린 채 자축했다. 폭풍 전의 고요처럼 모든 게 무척 좋았다.

칭다오에서 만리행 선배이자 대학교 선배 혜수 누나를 만났다. 마침 칭다오에서 일을 하고 있던 누나와 여행에 대해 이야기를 나누었다. 만리행 원정을 다녀온 누나도 당시 회계 담당이었다고 한다. 어떻게 하면 회계를 잘할 수 있는지 물었다.

"그냥 네가 생각하기에 쓰는 게 과하다고 생각되면 줄이자고 얘기하면 되고, 적다 싶으면 더 쓰자고 말하면 돼. 그럴 일은 없을 테지만. 하하." 명준

중국에 드디어 도착했다는 두근거림 뒤로 마음 한편은 계속 한국을 향하고 있었다. 바로 우리 엄마의 환갑 생신을 하루 앞두고 출발해야 했던 일정 때문이다. 다른 생신도 아니고 환갑이다. 단체 활동이라 일정을 미루지 못했는데, 오히려 별거 아니니 잘 다녀오라며 웃어주시던 엄마. 얼른 내려서 전화를 드리고 싶은데 배도 늦게 내리고 저녁이 다 되어서야 겨우 전화할 시간이 주어졌다.

지수와 공중전화를 찾아 뻰관호텔 건너편 상점을 찾았다. 국제전화 가격을 물으니 슈퍼마켓 아주머니는 퉁명스레 "1분에 3원한화 약 540원"이라고 한다. 비싸

서 바로 옆집으로 가 물어보니 이전 가게의 1/5 가격을 불렀다. 역시 중국이다. 지수와 나는 저렴한 슈퍼마켓에서 각각 집에 전화를 드리고 무사 도착을 알렸다. 나는 엄마의 생신을 축하드리고 앞으로 매일 전화드릴 테니 걱정하지 않으셔도 된다고 말씀드렸다. 그러나! 우리가 앞으로 다가올 서역 만 리 길을 우습게 보았던 걸까? 그날 이후, 황무지를 끝없이 달려 둔황에 도착할 때까지 우린 두 번 다시 집으로 전화를 걸 수 없었다. 그 어디에도 국제전화를 할 수 있는 곳이 없었기 때문이다. 은혜

시안으로, 20시간의 기차

칭다오에서 오후 1시 40분에 출발하여 다음 날 아침 8시에 시안에 도착하는 기차, 꼬박 20시간 정도를 기차로 이동했다. 거기다 잉쭤硬座, 침대칸이 아닌 딱딱한 일반좌석라 딱딱한 의자에 오랫동안 앉아 있어야 했다. 중국에서 기차를 타보긴 했지만 잉쭤는 처음이라 중국 기차의 새로운 면모를 볼 수 있었다. 좌석에 앉아 있는 사람보다 좌석 없이 서서 타는 사람 수가 더 많을 정도로 자리가 붐볐다. 그리고 잠깐 자리가 비면 자연스레 앉아 있는 게 일반적이었다. 자리 주인도 입석인 사람에게 가끔씩 자리를 양보해주기도 하고, 서로 얘기도 하는 등 나름 훈훈한 분위기였다.

잉쭤를 이용하는 사람들은 대부분 중국의 서민층이거나 노동자들이 많은데 그들의 모습은 마치 우리 의식 속에 남아 있는 옛날 중국인의 이미지와 비슷하다. 나는 마침 옆자리에 또래의 중국 청년이 있어 그 친구와 오랫동안 많은 이야기를 나눴다. 오랜만에 중국어를 원 없이 할 수 있었던 기회였다. 그렇게 잉쭤에서 앉은 자세로 불편하게 밤잠을 잔 뒤 시안에 도착했다. 성훈

20시간의 잉쭤. 여자친구 만나러 가는 중국인이 계속 말을 걸어 성훈이 형과 몇 시간 동안 대화하였다. 아침에는 선글라스를 끼고 밀리터리룩을 입은 아주머니가 이상한 노래를 크게 부르면서 기차를 돌아다녔다. 중국의 어떤 사람을 욕하는 노래라고 한다. 옆에 있던 아저씨가 말리는데도 신나서 돌아다니고, 구경하는 사람들은 웃었다. 아저씨들은 좌석에 그냥 앉아 담배를 피웠다. 잠을 제대로 못 자 내 몸이 내 몸 같지 않고, 씻지도 못해 찝찝한 상태에서 그런 모습들을 보고 있으니, 불편하거나 짜증이 난다기보다는 그냥 재미있었다. 벌써 중국에 적응한 건가? 진우

시안으로 향하는 기차 안에서 정말 다양한 사람을 만났다. 침대에서의 독립

적인 자유를 누리는 것보다 훨씬 가치가 있었다. 칭다오, 시안, 자위관, 신장 등 다양한 고향을 가진 사람이 한곳에 모여 있다. 그리고 서로 도와주겠다고 난리다. 역시 친절하다. 이야기 중에 할아버지 한 분이 오신다. 장유유서! 양보를 했다. 20시간 기차를 타고 가야 하는 상황에서 양보를 하다니…… 대륙의 마음인가?

소풍 가는 기분이었지만, 이제 할 만한 게임과 이야기는 거의 다 한 것 같다. 점점 도전이 되고 있다. 1시간, 2시간, 4시간, 10시간, 11시간째. 9시간 남았다……. 종현

실크로드의 진정한 관문: 시안

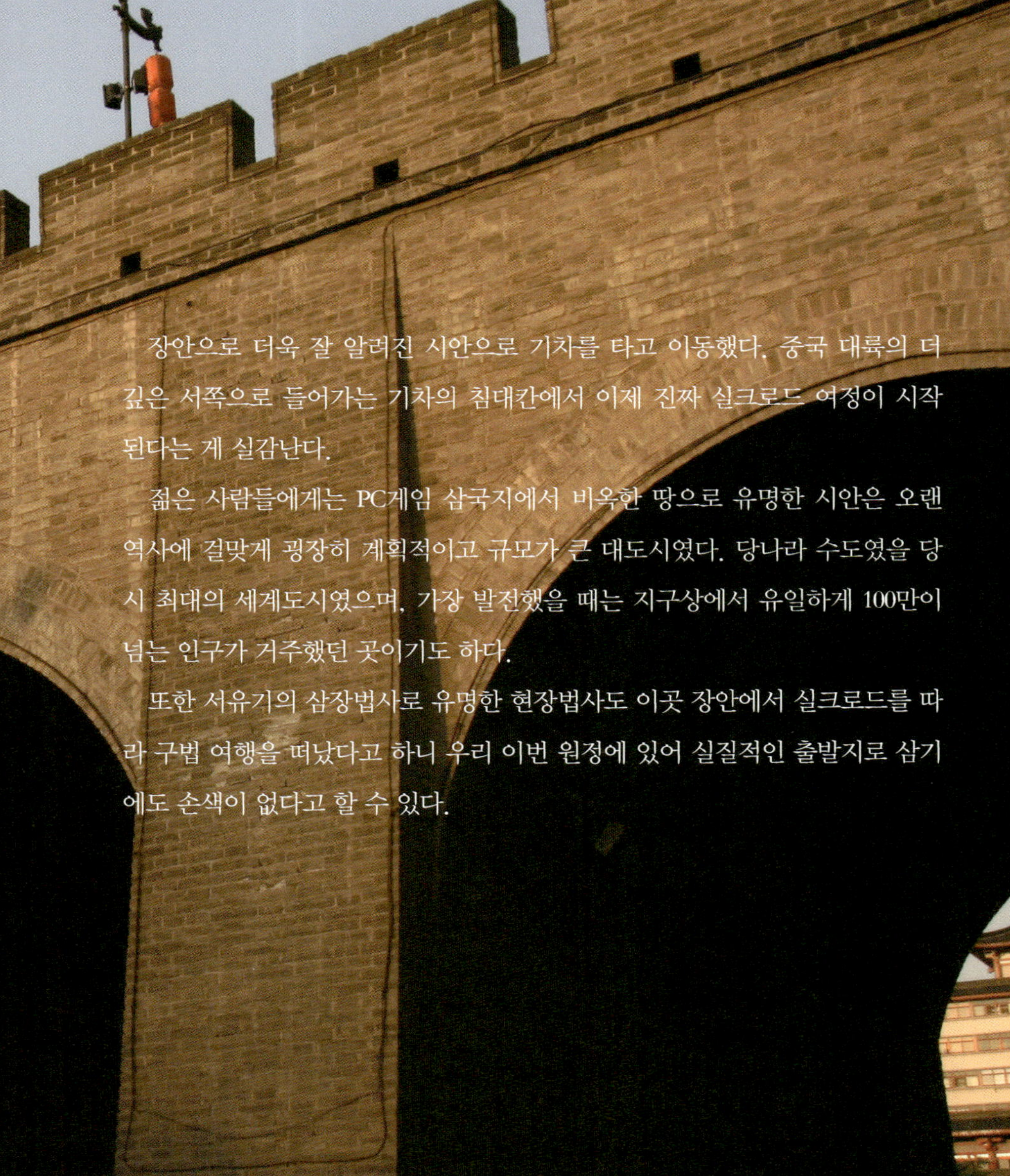

   장안으로 더욱 잘 알려진 시안으로 기차를 타고 이동했다. 중국 대륙의 더 깊은 서쪽으로 들어가는 기차의 침대칸에서 이제 진짜 실크로드 여정이 시작된다는 게 실감난다.

   젊은 사람들에게는 PC게임 삼국지에서 비옥한 땅으로 유명한 시안은 오랜 역사에 걸맞게 굉장히 계획적이고 규모가 큰 대도시였다. 당나라 수도였을 당시 최대의 세계도시였으며, 가장 발전했을 때는 지구상에서 유일하게 100만이 넘는 인구가 거주했던 곳이기도 하다.

   또한 서유기의 삼장법사로 유명한 현장법사도 이곳 장안에서 실크로드를 따라 구법 여행을 떠났다고 하니 우리 이번 원정에 있어 실질적인 출발지로 삼기에도 손색이 없다고 할 수 있다.

천년의 고도(古都) 시안(西安)

시안은 중국 역사상 가장 번영했던 시기인 당나라의 수도이다. 당시 이름은 장안(長安). 옛 실크로드의 출발점이자 도착점으로 동서양 만물의 장(場). 이번 실크로드 여행의 출발지로 가장 적합한 곳이다.

소그드 상인과 낙타

실크로드의 상징이라고 볼 수 있는 낙타와 소그드 상인.
그들은 실크로드를 통한 중개무역으로 부를 쌓았다. 신라의 수도 경주에서도 이와 비슷한
서역인 상이 출토되어 실크로드 연장선을 한반도로 잇는 연구도 활발히 진행 중이다.

섬서성 박물관

거대한 규모의 섬서성 박물관은 옛 장안의 모습을 고스란히 담고 있었다. 실크로드의 발자취를 느낄 수 있는 유물들이 수없이 진열되어 있고, 실크로드의 경로를 담은 지도와 모형, 유적지에서 출토된 서역 상인의 형상과 낙타상, 실크의 흔적으로 옛 실크로드를 몸소 느낄 수 있는 거대한 타임머신 같은 곳이었다.

대안탑을 뒤로한 채 현장법사 상像이 서 있다. 타클라마칸을 지나 북인도까지 5만 리의 순례길을 걸었던 현장법사. 과거 열악한 환경에도 경전을 위해 묵묵히 그 길을 걸었을 그분을 생각하니 우리도 무엇을 위해 이 길을 택했는지 다시 한번 생각하게 된다. 회윤

자은사(慈恩寺) 대안탑(大雁塔)

자은사 경내에 위치한 대안탑은 서역 순례를 마
치고 돌아온 당나라 현장법사(600~664)를 기념
하기 위해 세워진 탑이다. 우리에겐 서유기에 나
오는 삼장법사로 더 잘 알려져 있는데, 삼장법사
란 부처의 설법을 모은 경장(經藏), 계율을 모은
율장(律藏), 연구 논석을 모은 논장(論藏)을 모두
통달했다고 하여 일컬어진 명칭이다.

청진(淸眞)은 중국어로 이슬람, 회교라는 뜻이다. 즉, 청진사는 말 그대로 이슬람사원이다. 그러나 이름과
달리 형태는 중국풍이 강해 겉으로 봤을 땐 오히려 '불교사원인가?'라는 생각이 먼저 들게 했던 곳이다.

비림(碑林)

　우리는 시안에서 팀을 나눴다. 한 팀은 이슬람사원청진사, 다른 한 팀은 비림. 내가 간 비림은 분위기가 아늑하고 좋았다. 글자 그대로 '비석 숲'을 이루고 있는 비림은 한대에서 청대에 이르기까지의 글을 새긴 석비 1,095기가 소장되어 있다. 중국의 '석조문고'라고도 불리는데 이 중 실크로드로 향하는 우리에게 가장 의미 있는 비석은 '대진경교유행중국비'이다.

　이 비석은 고대 기독교의 일파인 네스토리우스파의 신앙적 교리와 의례가 간략하게 개괄되어 있고 7세기 중엽 중국에 들어와 150여 년간 중국에 전파된 과정을 기록하고 있다. 동양에서 제일 오래된 기독교 관련 비로, 시안이 과거 동서양 문명의 집산지라는 사실을 엿볼 수 있다.

　지금보다도 훨씬 전, 중국이라는 나라에 고대 기독교가 들어와 흔적을 남겼다는 사실은 절과 불상밖에 떠오르지 않는 중국의 이미지가 아닌 진정한 세계적 도시로서의 장안을 각인시켜 주었다. 이래서 사람은 배워야 하나 보다.

　게다가 실크로드에 관한 한 우리나라 최고의 학자인 정수일 씨의 책『실크로드 문명기행 오아시스로 편』에서는 경주 불국사에서 발견된 돌십자가와 발해 유적에서 나온 협시보살의 십자가상 등 국내 고대 기독교 관련 유물을 경교 동방 전파와 관련된 것으로 여기고 있어 실로 놀랍다. 신라 고도인 경주에서 돌십자가가 발견되었다는 사실 자체도 놀라운데 이것이 실크로드를 따라 전래되었다는 사실은 더욱 놀랍다. 재두

진시황릉과 병마용

　열차 안에서의 사투 끝에 도착한 곳은 시안이었다. 시안이라면 박물관이나 이슬람사원이 있지만, 뭐니 뭐니 해도 진시황릉! 시안에 도착한 다음 날 우리는 세계사를 바꿨다고 할 수 있는 사람을 보러 갔다. 항상 중국어로만 가이드를 받으니까 들을 수 있는 사람만 듣는 것이 불편했는지, 대장은 이번엔 영어 가이드를 부탁하였다. 모두들 어느 정도 들을 수 있었지만, 상세한 설명을 위해 내가 통역을 하게 되었다. 나의 영어 실력을 인정받아 통역을 하게 된 것은 매우 자랑스러운 일이었지만, 완벽히 내용을 전달해주지 못한 점은 미안했다.

　나는 진시황릉에서 여러 이유로 압도되었다. 첫 번째는 규모였다. 들어가기 전부터 그의 석상이 우리를 압도하였다. 진시황릉의 규모는 실로 어마어마했다. 영어로 설명해주던 가이드의 말에 따르면, 관광객에게 보여 줄 수 있는 구간은 극히 일부분이며, 아직도 병마용갱이 다 세상에 나온 것이 아니라고 하였다. 극히 일부분이라고 해도 규모가 엄청난데 과연 진시황릉의 전체 규모는 어떨까? 가히 상상할 수도 없다.

　두 번째는 그 정교함이었다. 병사들의 얼굴이나 포즈 등이 다른 것은 이미 알고 있었지만 손톱이나 지문까지 있을 줄이야! 또한 병마용이 맨 처음 발굴되었을 때는 병사들의 얼굴이 붉은 빛이었다고 한다.

관람이 막바지에 다다랐을 때, 한 중국인이 책에 사인을 하고 있는 것이 보였다. 그 사람은 진시황릉을 발견한 양즈파楊志發였다! 이 사람은 평범한 농부였는데 어느 날 땅을 파던 중 우연히 이 무덤을 발견했다고 한다. 순식간에 벼락부자가 된 그에게서 이제 농부의 모습은 찾아볼 수가 없다. 대신 어떻게 하면 진시황릉을 이용해 돈을 더 벌 수 있을까 생각하는 사람 같았다. 그 사람에게 진시황릉의 발견은 조금 과분한 운이 아니었을까? 그러나 그가 아니었다면 전 세계인이 진시황릉의 위대함을 엿볼 수 없었을 것이다. 그야말로 세계역사상 최고의 곡괭이질! 명준

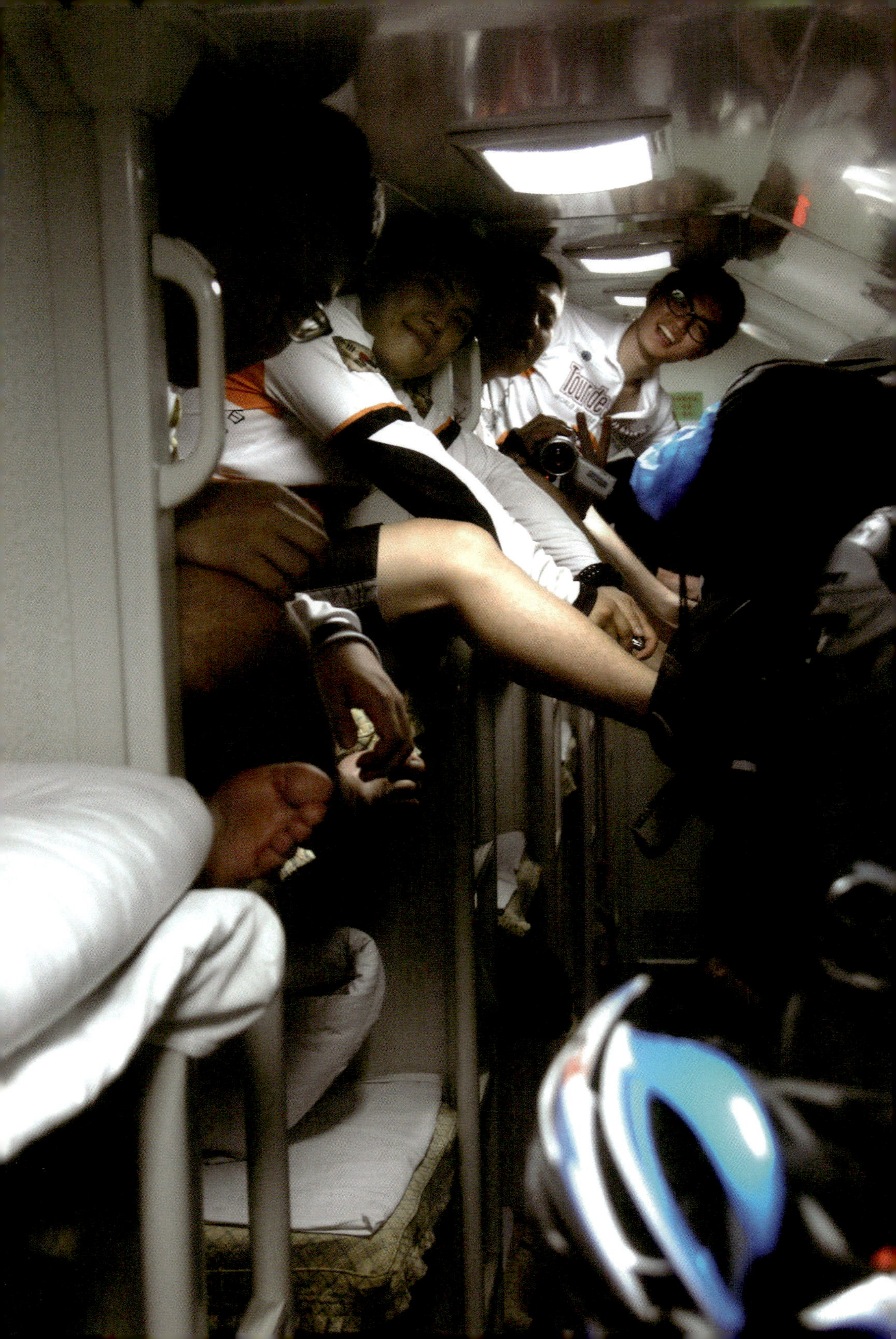

란저우로 가는 **기차 안**

　우리는 모두 맨 위의 침대칸에 자리 잡았다. 생각 외로 깨끗하고 쾌적했다. 하얀 시트가 곱게 개어 준비되었고, 3층의 공기는 어디선가 에어컨이 나오는지 상당히 시원했다. 침대칸에 누우니 마치 어린 시절 이 층 침대의 이 층에 올라온 것처럼 다들 들뜨고 신나 있었다.

　피곤한 터라 근처 중국인과 대화를 하지 않다가 중국 청년 루동과 이야기를 나누게 되었다. 루동은 여느 중국인과 달리 깔끔했고, 교육을 받은 신지식인층의 젊은 세대를 대변하는 듯했다. 중국어 발음이 굉장히 깨끗하고 세련되어 말하기에도 편했고, 같은 한국인보다도 생각이나 말이 잘 통하는 구석이 있어 피곤한 와중에도 많은 이야기를 나눌 수 있었다. 우리는 주로 국적을 넘어 이 시대를 사는 청년이라면 고민해볼 법한 것들에 대해 이야기를 나누었다. 인생, 대학, 취업, 여행 등 순수한 꿈과 고민들을 나눌 수 있었다.

　여행 루트에 대한 조언도 얻었다. 우리 팀이 지나칠 뻔했던 칭하이호 루트는 사실 이날 루동의 강력한 추천으로 인해 추가된 것이다. 아름다운 칭하이호와 유채꽃을 볼 수 있게 해준 것에 진심으로 고마운 마음을 전하고 싶다.

　아쉽게도 다음 날 아침 루동은 보이지 않았다. 연락처를 주고받지 못했지만 어디선가 우리의 이야기를 전해들을 수 있기를 희망해 본다. 은혜

류위안
(柳园)
위먼
(玉門)
자위관
(嘉峪關)
장예
(張掖)
둔황
(敦煌)
과저우
(瓜州)
칭하이호
(青海湖)
시닝
(西寧)
란저우
(蘭州)
황위안
(湟源)

안장, 페달 그리고 패니어

자전거 여행의 시작

3

끝없는 황하를 거슬러 산골짜기 마을로: 란저우

황하(黃河)가 흐르는 란저우

란저우蘭舟, 난주는 간쑤성甘肅城, 감숙성의 성도로, 서역으로 가는 기나긴 대륙의 복도 허시쩌우랑河西走廊의 기점인 동시에 예로부터 실크로드의 중요한 거점 도시였다. 란저우의 중심을 가로질러 중국 문명의 발상지이자 중국의 젖줄인 황하黃河가 유유히 흐른다. 우리가 도착하던 날 란저우의 도시 풍경은 황하를 닮은 황톳빛 수채화였다.

기차를 타고 이동한 피로도 풀 겸 일단 란저우에서 하루를 묵으며 가볍게 자전거로 시내를 돌고 밤에는 자전거 정비를 했다. 다음 날 맞이하게 될 험난한 첫 주행을 모른 채 우리는 란저우에서의 관광을 즐겼다.

기차역 앞에 있는 3성급 란저우 삔관에 방을 잡았다. 가격도 적당하고(1인당 60위안), 방도 크고 쾌적한 환경이라서 만족스럽게 묵을 수 있었다.

숙소에 짐을 정리하고 나서 바로 시내 관광을 하였다. 첫 번째로 들른 백안 탑白雁塔은 불교 사찰로 옛 티베트 불교의 승려가 불교를 전파하기 위해 넘어오

던 중, 질병으로 쓰러져 죽은 위치에 탑을 세운 것이었다. 그곳 탑 앞에서 향을 피워 우리 팀 여정의 무사를 기원하고 우리 가족들의 안녕도 기원하였다. 성훈

백안탑을 한창 오르는데 도르래로 하산할 수 있는 놀이기구의 표지판이 보였다. 광고판에 적힌 글귀 중 내가 읽을 수 있는 유일한 한자는 '안전安全'. 그런데 낡고 어딘가 허술해 보여 전혀 안전으로 느껴지지 않았다. 그러나 우리는 내려오는 길에 다시 한번 그 장치와 조우하게 되었다. 아직 한참 남은 하산의 귀찮음 속에 다들 고민하기 시작했다. 언뜻 보기에도 어깨에 끈 하나만 장착한 채 산을 타고 내려가는 모양이 꽤 위험하고 무서워 보였다. 그러나 결국 타는 쪽으로 대세가 기울어 7년 무사고라고 강조하는 아저씨를 믿고 타게 되었다. 그러나 무서울 거라는 예상과는 달리 바람을 가르며 빠르게 내려오는 속도감에 다들 재미가 붙었다. 불안해하던 사람들도 타고 나선 다들 재미있어 했다.

어떤 일이든지 하기 전에는 겁나고 불안하지만 일단 하고 나면 '내가 왜 겁을 냈지?' 하는 경우가 많은 것 같다. 이번 여행도 할까 말까 망설였지만 일단 질렀고, 지금은 후회 없다. 진우

시닝(西宁) 가던 길, 주행 그 **첫날**

드디어 정식 주행 1일차. 배가 금방 꺼질 것에 대비하여 조죽 한 그릇, 흰죽 한 그릇, 삶은 계란, 밥과 각종 반찬, 카스텔라 반쪽으로 배를 든든히 채웠다. 드디어 주행 시작!

오늘의 목표지점은 요원한 가운데 어느새 날이 저물고 있었다. 비가 오기 시작하더니 장대비가 눈앞을 가렸다. 밤이 되었고 빗줄기는 더욱 굵어졌다. 한치 앞이 보이지 않는 가운데 대장의 소리 신호에만 의존하여 그저 달린다.

전조등과 후미등은 불량품인지 금세 꺼져버렸다. 바로 앞사람조차 보이지

않는 칠흑 같은 어둠이었다. 비를 맞으며 추위에 떠니 생각은 사라지고 오로지 페달만 밟고 있었다. 은혜

빗속 암중 주행, 산속에서 만난 **최악**의 **숙소**

간쑤성의 어느 시골마을, 비를 맞은 탓에 짐과 옷이 다 젖었다. 게다가 밤에 급히 잡은 숙소는 엉망이었다. 공용변기와 샤워기가 바로 옆에 붙어 있는데 더러웠고, 침대 시트는 세탁을 한 건지 의심스러웠다. 축축한 가운데 옷은 안 마르고, 날씨는 추웠다. 샤워도 찬물로 했다. 스트레스 때문에 폭발할 것 같았다.

대장 종현이에게 하루 더 묵고 정비를 해서 떠나자고 말하고 싶지만, 사람도 많은데 대장의 의견을 따르는 것이 맞을 듯싶다. 내가 이런데 12명을 데려가야 하는 종현이의 마음은 어떨까? 겉으론 항상 웃고 있지만 머리가 많이 복잡할 것이다. 식당이나 숙소를 잡는 등 현지인과 대화해야 하는 일들을 조금씩 거들면서도 가끔 짜증날 때가 있는데 대장은 오죽할까 싶다.

이렇게 힘든 날은 피곤해서 그런지 자연스레 구겨진 인상을 펴기가 쉽지 않다. 하지만 우리 팀원 전체의 안정을 위해서는 대장, 부대장과 몇몇이 부지런히 움직여야 한다. 가끔은 왠지 순전히 고생만 한다는 생각이 들어 하기 싫을 때가 있지만, 그럴 때마다 대장, 부대장인 종현이와 수현이가 아무 말 없이 묵묵히 하는 모습을 보고 차마 싫은 내색을 할 수가 없다. 나머지 팀원 11명을 위해 아무 보답도 바라지 않고 희생한다는 게 결코 쉽지 않은 것이다. 성훈

다음 날은 더욱 고됐다. 시닝西寧, 서녕까지 총 주행거리는 167km. 아침에도 비는 그칠 줄 몰랐다. 그 때문에 흙탕길을 지날 때마다 얼굴·우비·자전거 등 사방으로 흙탕물이 튀었다. 고글에 튄 흙탕물은 나의 시야마저 흐리게 하였다. 그럼에도 불구하고, 지금 생각해보면 그때 우리는 정말로 해맑았다. 명훈

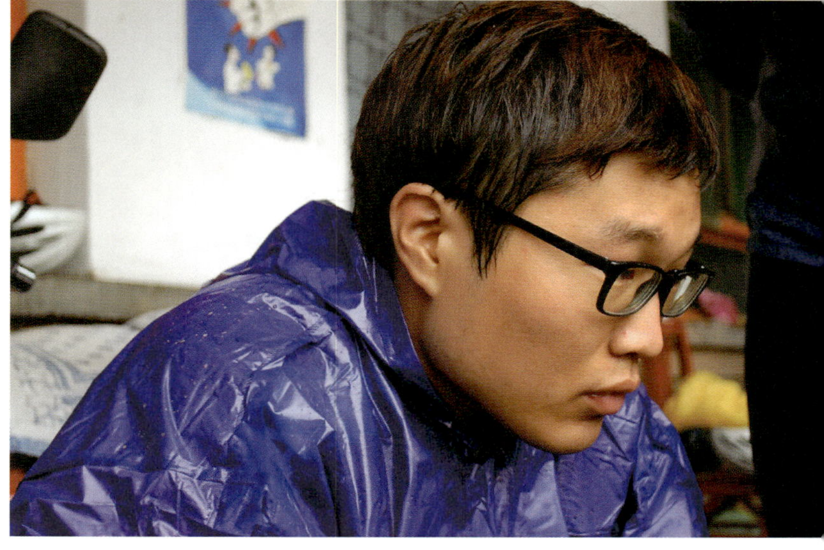

야간 폭우 주행 중 엄마에게 전화가 왔다.

"아들, 별일 없니?"

"어"라고 대답했다.

하루 종일 밖에서 바람 맞아가며 자전거를 타고
목적지에 도착하면 그야말로 진짜 노곤하다.

가끔씩 고맙게도 개인용 침대를 쓸 수 있는 좋은 숙소에서
머물 때면 침대의 그 뽀송뽀송한 이불과 커버가 정말 좋았다.

그리고 저 침대 위에 주황색 등이 얼마나 따뜻하고 포근하게 느껴지던지…

그리고 몇 시간 뒤에 우리를 깨우며 돌아다닐 종현이의 존재가
자꾸 떠오르는 것을 애써 무시하며 잠들었다.

아름다운 시골길을 따라 167km

　주행은 계속됐고 정겨운 시골 풍경이 펼쳐지는 지역으로 접어들었다. 길 양옆으로 동화 속 그림처럼 높고 푸른 나무들이 서 있고, 오래된 중국 주택들이 늘어서 있었다. 해가 아직 환하게 떠 있는 와중에 아주 잘생긴 아이의 어머니와 할머니가 하는 작은 식당에서 저녁을 먹게 되었다. 밥을 먹고 나와 보니 구름이 끼고 비가 오는 듯하던 아침의 회색은 온데간데없고, 강렬한 햇살이 내리쬐기 시작했다. 마음의 준비를 단단히 하고 이제 2nd Round!

　한참을 신나게 달렸다. 이상했다. 아무리 빨리 달려도 앞에 사람이 보이질 않는 것이었다. 이쯤 달리면 나오겠지 싶은 앞사람의 뒷모습은 코빼기조차 보이질 않았다. 순간 내가 길을 잘못 들었나 생각이 들 만큼 앞뒤로 아무도 없었다. 가는 길은 이 길 하나뿐. 앞사람들이 대체 시속 몇 km로 달린 건지 감이 오지 않는다. 내가 평소 두 배 속도인 37km/h로 달리고 있는데, 어떻게 꽁무니조차 보이질 않는 것인가!

　혼자 달리다 보니 가끔 어떤 숲 속 마을에서는 무섭기도 했다. 승용차가 옆에 천천히 다가오며 서려고 한 적도 있는데 그럴 때면 나 홀로 도로에 있으니 누가 날 데려가도 아무도 모를 것이란 생각에 힘든 건 뒤로한 채 페달을 계속 밟았다. 그렇게 한참 몇 시간을 혼자 달려 이제는 정말 한계라고 느껴졌을 때, 앞에 서서 기다리는 재두 오빠를 발견했다. 휴~ 살았다…….

　내가 도착하자 다들 놀란 반응이다. 회윤 오빠를 비롯해 형근, 지혁, 재두 오빠, 종현이가 엄청난 속도로 날아와서 Top 5를 이루고 있었고, 그다음이 나였던 것이다. 도대체 시속 몇 km로 달렸냐고 물으니 그냥 미친 듯이 밟았다고만 한다. 45km/h 이상으로 밟고 온 것 같다고 한다. 내리막길에서조차 페달링하며 날아왔다니 말 다했다. 조금 쉬고 다시 3rd Round!

　또 달린다. 엉덩이가 너무 아프다. 시닝, 너는 어디 있는 게냐. 모두들 힘들

지만 어떻게든 힘내 보려고 안간힘을 쓴다. 앞에서는 예비역을 필두로 군가와 세일러문을 비롯한 추억의 애니메이션 메들리를 합창했다. 지수는 몸도 너무 힘들어했지만, 이 군가를 들으며 더욱 괴로워했다. 남자들만의 군가 때문에 더 숨이 막힌다고…….

그 와중에 명준이 타이어가 펑크났다. 구조팀과 명준에겐 미안했지만 속으로 조금 다행이라고 생각했다. 지수와 진우가 많이 힘들어 했고, 나 또한 힘들었기에 조금이라도 쉴 수 있기를 바라고 있었기 때문이다. 덕분에 좀 쉬고 다시 힘을 내서 시닝으로 향했다. 기나긴 하루가 가고 있었다. 은혜

광활한 자연을 닮은 기분 좋은 미소, 마지에

시닝으로 가는 날, 하루 종일 달리고 달려 오후가 되니 쓰러질 것 같았다. 우리는 과수원이 있는 어느 민가에서 멈추고 휴식을 취했다. 저 멀리에서 종현 오빠가 또 현지인들에게 한국어를 알려주고, "한국 사랑해요! 만리행 사랑해요!" 등의 구호를 함께 외치고 있었다. 꼬마들에게 한국 돈을 보여주기도 하고, 두 꼬마를 동시에 안고 돌리며 놀아주고 있는 종현 오빠를 보며 '오빠의 체력의 한계는 도대체 어디까지일까?'라고 생각했다.

헬멧을 베고 대★자로 누워 쉬고 있는데, 누군가의 시선이 자꾸 느껴졌다. 그곳은 식당도 함께 운영하고 있었는데, 그 식당 주방에서 일을 도와주는 듯 흰색 주방유니폼을 입은 한 소년이었다. 발그스레한 두 뺨, 코 위에는 주근깨, 긴 속눈썹 그리고 순수하고 깨끗한 미소의 소년을 보니 기분이 좋아졌다. 하루 종일 자전거를 타느라 쌓인 피로가 싹 풀리는 느낌이었다. 회윤 오빠를 통해 몇 살이냐고 물어보니 17살이라고 하였다. 이름은 마지에. 순수한 그 아이의 눈빛과 수줍은 웃음은 사람을 기분 좋게 하는 매력이 있었다.

함께 사진도 찍고, 이야기도 나누다 보니 이제 떠날 시간이다. 떠날 채비를

하는데 그곳 어른들이 집 뒤편에 있는 과수원을 가리키며 과일을 가져가라고 하셨다. 반갑게 맞이해준 것만으로도 감사한데, 과일까지 주려고 하는 그 따뜻한 마음에 가슴이 뭉클했다.

손수 따주시는 과일을 기다리고 있는데 마지에가 와서 갑자기 내 어깨에 손을 올리고 자신의 휴대폰으로 사진을 찍었다. 있는 힘껏 밝게 웃었는데 어떻게 찍혔을까? 내가 그 사진을 또 볼 수 있을까? 살면서 그 아이를 다시 볼 수 있는 날이 올까?

비록 여행 중 스쳐 간 많은 사람들 중 한 명이지만, 미소 하나만으로 다른 사람을 행복하게 해준 그 아이를 영원히 잊지 못할 것 같다. 나도 그 미소를 기억하며 누군가에게 마지에와 같은 존재가 되려고 노력하며 살아야겠다. 살면서 그 아이를 다시 볼 수는 없겠지만, '한국'이라는 나라를 떠올릴 때면 우리를 생각해주길……. 지수

황위안(湟源, 황원)에 가기 위해 다시 자전거 주행이 시작됐다. 중간 쉬는 시간, 종현이는 고장난 킥보드를 타던 아이에게 먼저 다가가 킥보드를 고쳐주었다. 힘이 들어 가만히 쉬기만 해도 모자란 시간에 몸을 움직여 꼬마들을 돕다니 나는 엄두도 못 낼 일이라 종현이가 문득 대단하게 느껴졌다.

황위안에 도착해서는 우연히 현지 공안과 알게 될 일이 생겼다. 덕분에 칭하이호 관광을 비롯해서 여러 도움을 받았는데 이런 인연 또한 이제 와 생각해 보면 우리 팀이 운이 좋아서이기도 하지만 대장이 복을 만드는 행동을 해서 그런 것이 아니었을까 싶다. 그렇게 운을 만들어 가며 종현이는 12명의 여행을 무사히 이끌었다. 재두

주행거리는 어제에 비해 부쩍 줄었지만 오르막의 압박으로 힘든 주행이 계속되었다. 오늘 오전 시닝에서 열심히 자전거 정비를 했는데 나의 깨끗했던 패니어가 비 때문에 다시 작살이 났다.

오늘의 기쁜 소식은 내일 하루 차를 빌려서 칭하이호 관광을 한다는 것이다.

그 소식을 듣고 양꼬치를 먹으니 정말 맛있었다. 두 시간 정도 걸린다는데 내일 차에서 푹 자고 싶다. 칭하이호, 정말 기대된다! 지혁

칭하이호, 너는 바다!

칭하이호 관광하는 날 아침, 어제 저녁 식당에서 우연히 알게 된 중국 공안 아저씨와 그 친구분의 차를 같이 타고 출발! 마을에서 칭하이호까지는 차로 2시간은 넘게 걸려서 차 없이는 관광이 불가하다. 어젯밤 양꼬치를 먹으며 칭하이호 보러 간단 얘기에 선뜻 하루 휴가를 내고 친구까지 가이드로 대동하고 나온 공안 아저씨. 우리는 뜻밖의 호의에 깜짝깜짝 놀랐다. 중국인들의 즉흥성이라고 받아들여야 하는 건지, 아니면 한국 친구들에 대한 정이라고 받아들여야

하는 건지 혼란스러웠다. 하지만 "한국 친구들 만나서 반갑다", "대접하고 싶다"는 말을 연발하는 그들의 순수성을 더 이상 의심하고 싶지 않아 우리는 그들의 호의를 흔쾌히 수락했다. 알고 보니 그들은 영화 '엽기적인 그녀'를 5번도 넘게 보고, 김기덕 감독의 영화는 모두 다 본 '한국'을 사랑하는 사람들이었다.

나는 차에 타자마자 그간 못 잔 잠을 자려고 자세를 잡았으나 창밖에 펼쳐진 아름다운 대자연을 두고 눈을 감는다는 것은 죄인 듯해 얼른 잠을 깨고 창밖 풍경을 바라보았다. 양옆으로 드넓은 초원이 펼쳐져 있고, 양 떼들은 한가롭게 풀을 뜯고 있었다. 노란 유채꽃이 끝없이 고개를 흔들고 있었는데 만 리에 걸쳐 피어 있다고 해서 '만리화'라고도 불린다고 한다. 눈으로 보면서도 내가 이런 광활한 대자연 속에 있다는 것이 믿기지 않았다. 어제까지만 해도 숨도 못 쉬는 뿌연 매연이 날리는 개발 현장을 힘들게 달렸는데, 오늘은 코가 뻥 뚫릴 것 같은 맑은 공기를 마시며 푸른 초원을 감상하고 있다니……. 참 중국은 다양한 모습의 자연이 공존하고 있는 대륙이라는 사실을 다시 한번 더 깨닫는다.

30분 정도 차를 타고 가다가 사진을 찍기 위해 잠시 내렸다. 장족 옷을 입고 '야크'라는 소와 비슷하게 생긴 동물 위에 올라타 사진을 찍었다. 모두 종현 오

빠와 내가 장족 옷이 잘 어울린다고 했다. 전생에 장족이었나? 장족들이 관광객들에게 야크를 태워주거나 새끼 야크를 안겨주고 돈을 받고, 장족 전통 옷을 입혀주고 돈을 받고, 기념품을 파는 데 정신없어 하는 모습을 보니 왠지 씁쓸했다.

드디어 칭하이호 도착! 칭하이호는 기대했던 것 이상으로 아름답고 깨끗했다. 맑고 투명해서 하늘과의 경계선이 잘 보이지 않았다. 호수가 아니라 바다에 온 것 같았다. 칭하이호는 해발 3,260m의 티베트고원에 있는 염호로서, 바다가 지각 충돌로 솟아오르고, 바닷물이 갇혀 호수가 된 중국 최대 내륙 호수이다.

저 멀리 호숫가에 할머니와 예쁜 전통 의상을 입은 여자아이가 함께 앉아 있어 가보니 아이와 사진을 찍으려면 5원을 주어야 한단다. 야크도 아니고, 말도 아니고 '사람'이랑 사진을 찍는데 돈을 주어야 한다는 사실에 씁쓸했다. 하지만 이곳 사람들의 유일한 생계수단이라고 생각하니 조금은 이해할 수 있었다. 그 여자아이는 관광객들과 사진을 찍는 것이 한두 번이 아니었는지 표정이 예술이었다. 예쁜 표정을 짓고는 카메라가 찰칵! 할 때까지 멈추고 있는 모습을 보니 마음 한구석이 아파 왔다.

칭하이호에서 마음껏 놀고 나온 우리는 관광이 끝날 때까지 기다려준 공안 아저씨 일행과 차를 타고 점심식사를 하러 갔다. 대자연의 풍경을 보지 않고 자는 것은 죄와 같다는 걸 알지만 너무 피곤한 나머지 모두들 그냥 곯아떨어졌다. 달콤한 잠을 잔 후 점심식사를 하러 도착한 곳은 다름 아닌 어느 돼지갈비 식당! 돼지갈비를 좋아해서 기대했는데 이럴 수가! 한국인의 입맛에 딱 맞는 양념이었다. 중국에 와서 먹은 음식 중 이토록 입맛에 딱 맞는 음식은 처음이었다.

아저씨들이 술을 한잔 마시자며 '칭하이주'를 시켰다. 생긴 것만 봐도 독한 술 같았다. 소주잔보다 더 작은 잔에 첫 잔을 붓고는 라이터로 불을 붙였다. 뭘 하는 건지 여쭈어보니 소독을 하는 거란다.

"우리 모두 만나서 반가워요, 건배!"

캬~ 소주보다 백 배는 더 독했다. 목이 타는 듯 술을 넘기고 나면 입 안에 싸하고 진한 향이 번졌다. 어제부터 나를 따라다니던 목감기가 한 방에 뚝 떨어지는 듯했다. 공안들은 술을 참 잘 마시고, 좋아하는 것 같았다. 우린 조그마한 잔에 마셔도 얼굴이 금세 빨개지는데, 그들은 사이다 컵에 마셨음에도 얼굴색 하나 변하지 않았다. 남에게 베푸는 것 좋아하고, 술 좋아하고, 담배 좋아하는 그 공안들의 모습을 보며 전형적인 중국 남자의 호방함을 느낄 수 있었다.

맛있게 점심을 먹고 우리는 장우혁, 강타, 장나라, '엽기적인 그녀' 등 '한국'과 '한국인'을 좋아하는 그들을 위해 다 함께 신승훈의 'I believe'를 열창했다.

"I believe 그댄 곁에 없지만, 이대로 이별은 아니겠죠……."

표정은 웃고 있었지만 우리는 모두 헤어짐이 다가오고 있음을 느꼈다. 노래

가 끝나니 그들이 뜨거운 박수를 쳐주었다. 어제와 오늘, 그들 덕분에 너무나 즐겁고 편한 시간을 보냈다.

'지금 이렇게 헤어지지만 서로의 기억 속에서 함께한다면 영원한 이별은 아닐 거야……. 내 중국에서의 추억 중 한 페이지에는 언제나 그들이 있을 테니까!'

'칭하이호'를 생각할 때면 칭하이호만큼이나 맑은 그들의 미소가 떠오를 것 같다. 지수

나란히 누웠어도 서로 다른 꿈을 꾸며,

끊임없이 떠나고 떠도는 것이다.

멀리 멀리 떠나갈수록,

가슴이 그득히 채워지는 것이다.

갈 데 까지 갔다가는 돌아오기도 하는 것이다.

하늘과 땅만이 살 곳은 아니다.

허공이 오히려 더 살 만한 곳이며,

흐르고 떠도는 것이 오히려 사랑하는 것이다.

유안진의 〈자화상〉 중에서

치롄(祁連, 기련)산맥은 칭짱 고원(티베트고원)의 북쪽에 위치
한 중국의 주요 산맥 중 하나이다. 간쑤성과 칭하이성에 걸쳐
있으며 북서쪽은 알타이산맥에 접하고, 동쪽은 란저우의 싱룽
산(兴隆山, 흥륭산)에 이르며, 남쪽은 차이다무(柴達木) 분지
와 칭하이 호수에 서로 연결된다. 산맥은 서북에서 동남으로
달려 여러 개의 평행하는 산맥이 되어 평균 해발 4,000m 이
상, 길이 2,000km, 폭 200~500km에 이른다. 주봉우리는 치
롄산(해발 5,547m)이며, 빙하가 발달한 고봉이 늘어서, 하서회
랑의 오아시스 도시들인 우웨이(武威, 무위), 장예(張掖, 장액),
주취안(酒泉, 주천), 둔황(敦煌, 돈황)을 윤택하게 하는 내륙하
천의 수원이 되고 있다.

갈등의 시작: 치롄산맥

우리는 **치롄**으로 간다

　여행 전부터 이종현 대장과 지도를 펴 놓고 어떤 코스를 선택해서 가야 할지에 대해 많은 고민을 하였다. 칭하이호에서 자위관嘉峪关, 가욕관으로 가는 데는 두 가지 방법이 있었다. 하나는 시닝으로 되돌아가서 허시쩌우랑河西走廊, 하서주랑을 따라 장예, 주취안을 거쳐서 가는 방법이고, 다른 하나는 치롄산맥을 넘어 자위관으로 가는 방법이다.

　그에 따라 예상되는 어려움도 각각 달랐다. 전자는 고비사막의 영향을 받아 극심한 건조기후와 뜨거운 태양 아래에서 주행을 하여야 했고, 후자는 높은 고도로 인한 낮은 기온과 예측 불허의 날씨에 대비해야 했다. 또한 전자는 실크로드의 의미를 좀 더 살려서 갈 수는 있지만, 가는 내내 황량한 풍경을 마주하여야 했고, 후자는 여행을 준비하며 내내 꿈꿔 왔던 초원의 풍경을 마음껏 즐길 수 있지만, 팀의 분리와 함께 그에 대한 만반의 준비도 갖추어야만 했다.

　여행 하루 전 만리행을 만든 시환이 형의 호출이 있었다. 이번 여행의 코스

를 설명하자 너무도 당연하다는 듯 치롄산맥을 넘어가는 코스를 추천했다. 애써 감추었던 나의 속마음을 들여다보기라도 하듯……. 이미 수차례의 자전거 원정과 해발 4,000~5,000m의 티베트고원에서 자전거 원정을 완주한 형의 말은, 여행을 하루 앞두고 이미 대장과 첫 번째 코스를 가기로 합의하였던 내 마음을 세차게 흔들어 놓았다.

칭다오로 향하던 배 안에서 이종현 대장과 재두 형은 긴 회의 끝에 치롄산맥행을 결정했다. 모두 치롄으로 가기에는 무리가 있어 팀을 분리해 장예에서 만나기로 했다. 어쩌면 우리에게 많은 갈등과 역경을 안겨다 준 치롄행은 끝없이 펼쳐진 초원을 꿈꿔 왔던 나의 욕심에서 비롯된 것인지도 모른다. 수현

준비되지 않은 **도전**

갑자기 선택된 길이라 우리는 준비를 충분히 하지 못하였다. 치렌산맥 가기 전에 마을이 있어서 그곳에서 장비를 준비할 수 있다고 들었지만 너무 성급하게, 그리고 무리하게 가는 것이 아닌가 하는 생각이 들었다. 본격적으로 산맥으로 가기 전에 도착한 마을은 생각보다 작았다. 나는 그 마을에서 아무것도 새로 준비하지 않았다. 내가 가지고 있는 장비는 거의 대부분이 여름의 더위를 위한 것이었다. 하지만 치렌산맥은 높은 고도로 인해 기온이 매우 낮은 곳이었다.

샌들을 신고 달렸다. 심지어 비까지 와서 몸이 젖었고 그로 인해 체온은 더 내려갔다. 발도 너무 차가웠다. 어려워 보이는 것에 도전하는 것은 좋지만 이렇게 급작스럽게 준비가 되지 않은 상황에서 하고 싶지는 않았다. 주위의 풍경이 너무나 아름다웠음에도 불구하고 전혀 아름다워 보이지 않았다. 어쨌거나 유쾌하지 않은 라이딩이었다. 몸이 힘든 것보다도 추위가 너무나 견디기 어려웠다. 우연히 한 소수민족 가정집에 들어가 추위를 녹였을 때의 그 안도감은 이루 말할 수 없었다. 난로를 쬐다가 옷을 다 태워먹었다.

우리는 그 이후에도 계속 달렸는데 추위는 말할 것도 없고 역풍 때문에 힘들었다. 그리고 우릴 더 지치게 한 것은 목적지까지의 불분명한 거리였다. 대개 목적지와의 거리가 점점 줄어드는 것을 보면서 그 희망으로 달리는 경우가 많은데 표지판이 어찌 된 영문인지 좀 이상했다. 그리고 도대체 우리가 어디로 향하는지도 알지 못했다. 이런 심리적인 요인이 육체적인 요인보다 우리를 더 힘들게 한 것 같다. 우리 중에서 특히 지혁이 형과 명준이가 힘들어했다. 지혁이 형은 코가 막혀서 괴로움을 호소했고 명준이도 몸살감기에 걸린 것 같았다. 선호 형이 더 이상 가는 것은 무리라고 해 우리는 우연히 발견한 공안 건물에 들어가 하룻밤 신세를 질 수 있는지 물어보았다. 공안 아저씨는 흔쾌히 승낙했다. 아 '하룻밤 신세'라니. 이건 내가 소설에서나 보던 단어였는데 우리가 그 주인공이 될 줄은 몰랐다. 참 힘들었지만 그 와중에 뭔가 뿌듯함이 느껴졌다. 우리는 운이 좋은 것 같다. 이제 한계라고 생각하는 순간 항상 뭔가가 등장했다. 다시 생각해보면 뭔가가 등장하는 순간 이제는 한계였는데 다행이라고 생각하는 것 같기도 하고, 실은 더 갈 수 있는데 말이다.

치롄이 우리에게 남긴 것들

여행 초반에 가기에는 너무나 힘든 코스였다고 생각한다. 만리행 원정에 처음 참가한 사람으로서 '아 이것이 만리행인가'라는 생각이 들었다. 생각보다 위험하다고 느껴졌다. 이번에는 운 좋게 온전하게 돌아올 수 있었지만 다음에는 어떻게 될지 모른다고 생각했다. 지레 겁부터 먹은 것이다. 한편으로는 그래도 내성이란 것이 생겼다는 느낌이 들었다. 지금까지의 라이딩보다는 훨씬 힘들었기에 앞으로 어떤 코스가 펼쳐지든 나는 갈 수 있다는 생각이 들었다. 그렇게 걱정과 자신감을 동시에 느끼고 있었다. 형근

    자전거로 간 치렌은 생각했던 것보다 더 혹독한 곳이었다. 해발고도가 3,000m가 넘는 곳은 처음이었고, 두툼한 플리스 재킷 및 야영 준비를 했다고 는 해도 인원수와 경험을 고려했을 때 부족한 면이 있었다. 혼자서 죽기 살기 로 가면 갈 수도 있겠지만 8명을 데리고 그렇게 위험부담을 할 수 있을지는 확 신이 없었다. 또한 대장과 부대장이 욕심이 과해 억지를 부리고 있다고 여기는 팀원들과, 어떻게든 다 같이 좋은 경험과 성취감을 얻고 공유하고픈 대장, 부 대장 사이에서 나도 고민이 많았다.

    나는 팀원들이 대장, 부대장의 노력과 그 가치를 이해해주길 바랐다. 그리 고 그 가치를 만리행을 경험한 다른 친구들도 지녔으면 하는 작은 소망이 있었

다. 팀 내 불만과 갈등이 넘쳐난 가운데 우리는 공안이라는 변수를 만나게 됐다. 공안 말이 외국인은 치롄에 들어갈 수 없다는 것이다. 이해 안 되는 주장이었지만 어쩔 수 없이 장예로 차를 타고 이동했다. 그리고 먼저 가 있던 팀원들을 만났다. 다시 모인 12명의 팀원들은 함께 자위관으로 이동했다.

치롄 도로에서 찍은 사진이 몇 장 있는데 그걸 보면 장애물이 없어 마구 불어대는 바람과 내 앞에 막연히 낮게 펼쳐진 하늘과 그 아래 텅 빈 도로가 사진을 넘어서 나에게 묘한 흥분을 불러일으킨다. 그렇다고 다시 가서 자전거를 탈 자신은 없다. 재두

당신도

어딘가를 향해 가고 있군요.

나도 그 어딘가를 향해 가고 있어요.

이름도, 국적도 그 목적지도 모르지만

이 길을 가는 이유가 분명 의미 있다는 것만은 알아요.

나도 그 의미를 가슴에 품고 달리고 있으니까요.

그 이유가 무엇이 되었든

당신을 응원합니다.

우리는 인생을 달리는 라이더입니다.

은혜

만리장성의 끝 자위관을 지나 서역으로: 자위관

장예에서 주취안을 거쳐 자위관까지 이동하는 루트. 이번 루트는 중간에 치롄산이 가로막고 있는 것 때문에 자전거로 이동하는 것이 불가능하다고 판단, 12명 모두 기차로 자위관까지 이동하기로 했다. 다시 한번 정신없는 기차 이동이 시작된다. 기차를 타면 편할 것 같지만 사실 자전거와 짐을 나르는 것이 여간 힘든 일이 아니다. 특히나 사람이 가뜩이나 붐비는 중국의 기차역에서 주어진 시간 내에 무거운 자전거를 들고 계단을 올랐다 내렸다 하다 보면 차라리 자전거로 가고 말지라는 생각이 절로 든다.

자위관에 도착하고 숙소를 찾기 위해 종현이와 시내로 나섰다. 그런데 빠르게 앞질러 달리던 종현이의 자전거가 한순간에 공중에서 한 바퀴를 돈 후 도로에 떨어졌다. 오른쪽에서 오던 전동오토바이와 충돌한 것이다. 종현이가 잠깐 기절하긴 했지만 등쪽으로 떨어져 크게 다친 곳은 없었다. 중국인의 오토바이도 다행히 별 손상이 없어 사건은 잘 마무리되었다. 우여곡절 끝에 우리는 괜찮은 숙소를 잡았고, 오늘의 사고는 둘만의 비밀로 묻어두기로 했다.

자위관에서의 둘째 날, 자위관 만리장성 관광과 주행 준비를 위해 하루 더

묵었다. 이날 저녁, 우린 다 같이 모여 그동안의 여정에 대해 허심탄회하게 얘기하는 자리를 가졌다. 다 같이 맥주를 마시며 한마디씩 솔직한 대화를 나누는 자리였는데, 이런저런 얘기를 나누던 중 대장인 종현이가 울음을 터뜨렸다. 우리도 나름 힘들어서 불평을 했지만 결국 가장 힘들었던 건 대장인 종현이였던 것이다. 다른 애들은 힘들면 조금 물러설 수 있고, 싫은 내색을 할 수 있었지만 대장의 입장에 있는 종현이는 자기역할을 쉴 수 있는 것도 아니었고, 다른 사람들이 빠뜨리는 역할까지 맡아서 해야 했다. 그러면서도 힘든 내색조차 편하게 할 수 없던 대장의 입장이었으니 얼마나 고달팠을까? 성훈

회의를 하면서 여러 의견이 모였다. 참 많은 생각이 들었다.

'난 만리행에 왜 왔는가? 불만 갖지 말고 여행에 집중하자. 이 모든 게 다 여행이다. 여행 중 사고도 여행의 일부이며, 여행 중 비상상황도 여행의 일부이고, 여행 중 설사 또한 여행의 일부이다. 받아들이자. 수용적 자세를 가지자.'

자전거는 정직하다. 절대 타협할 수 없다. 밟으면 가고 밟지 않으면 안 간다. 힘든 오르막 뒤엔 쉬운 내리막도 있다. 만리행은 내게 정말 의미 있는 동아리이다. 지혁

자위관은 만리장성으로 연결되는 관 중에서 유일하게 건설 당시의 모습이 그대로 남아 있다. 만리장성 동쪽 끝의 산하이관山海关, 산해관이 천하제일관天下第一关이라면, 서쪽의 끝인 자위관은 천하제일웅관天下第一雄关이라고 불렸다. 실제로도 성채에 천하제일웅관이라 쓰인 큰 현판이 걸려 그 웅장한 위용을 뽐내고 있었다.

자위관 성벽에 올라 저 멀리 눈 덮인 치롄산과 누런 흙 빛깔의 황량한 풍경을 보고 있자니 지금껏 머릿속에 막연히 그려오던 실크로드가 이곳에서부터 시작됨을 느낄 수 있었다. 성곽 너머를 바라보며 앞으로 우리가 가야 할 길에 대한 걱정과, 다른 한편으론 진정한 실크로드의 황량함으로 나간다는 설렘에

흥분되는 마음을 주체할 수 없었다. 예전에는 이곳 자위관이 오랑캐들이 넘어오지 못하도록 막아내야 할 영역이었겠지만, 지금 우리에게는 넘어가야 할 영역의 시작점이다.

자위관에는 두 가지 전설이 전해져 내려오고 있다. 하나는 자위관을 설계할 당시 설계자가 만약을 위해 1개의 벽돌만 여분으로 준비하였는데, 성이 완성되었을 때 정확하게 그 1개의 벽돌만 남았다는 이야기다. 이는 오늘날에도 문서상으로 남아 있어 자위관이 얼마나 치밀한 계획에 의해 지어졌는지를 보여주고 있다.

또 다른 하나는 자위관에서 많이 볼 수 있었던 제비에 관한 전설이다. 오래전 자위관에는 한 쌍의 제비가 살고 있었는데, 아빠 제비는 날마다 성 밖으로 나가 먹이를 구해오곤 했다. 하루는 이 제비가 먹이를 구하러 다니다가 너무 늦게 자위관으로 돌아왔는데, 이미 성문이 굳게 닫혀 있었다. 이 아빠 제비는 자위관 안으로 들어가려고 수없이 날았으나 그 높은 담을 넘지 못하고, 결국 성벽에 몸이 부딪혀 죽고 말았다. 이후에 자위관에 있는 돌을 가지고 성벽을 두드리면 제비 울음소리가 들린다고 한다. 이것은 바로 자위관이 얼마나 높고 크게 지어졌는지를 말해 주고 있다.

關 古
趙樸初書

황량한 곳에서 달콤함을 맛보다: 둔황

어스름한 푸른빛 너머로 빛줄기가 스며든다. 새벽의 푸름, 상쾌함. 폐 속 깊이 시원한 새벽공기를 들이마신다.

오늘도 삔관의 직원분들이 자전거에 패니어를 싣는 걸 도와줬다. 정말 친절한 분들이다. 어두울 땐 먼저 빛을 비춰 주고, 손이 필요할 땐 거들어주고, 많은 말을 나누진 않았지만 마음으로 따뜻하게 통할 수 있었던 자위관의 삔관. 그래서인지 다른 때와는 달리 직원분들과 다 함께 기념으로 삔관 앞에서 사진을 찍었다. 그리고 기분 좋게 오늘의 주행, 새벽 라이딩으로 시작! 은혜

전날 밤 황하 맥주를 마시고 허심탄회하게 이야기를 나누었다. 그래서인지 다들 한층 더 두터워졌다. 여행은 중반에 접어들었다. 이제 남은 건 한 명의 낙오자 없이 부지런히 달리는 것뿐이다.

'가자, 아직 우리가 달려야 할 길의 반도 달리지 않았다.' 성훈

고비사막의 주변부에 위치한 이곳은 예상했던 대로 건조한 황무지의 연속

이다. 사방이 트여 있는 이곳에서의 일출은 나의 고향인 동해 앞바다에서 보는 일출과는 또 다른 전율을 느끼게 하는 풍경이다. 하지만 떠오르는 태양은 몇 시간 후면 우리의 주행을 힘겹게 할 위협적인 존재로 변할 것이다. 해가 뜨기 전 서둘러 달려야 한다. 앞으로는 우리가 치롄에서 느낀 것과는 전혀 다른 자연환경이 우리의 몸과 마음을 끊임없이 시험해 올 것이다. 이겨내야 한다. 수현

3일 내내 끝없는 지평선의 연속이다.
몸은 뜨겁지만 언제 다시 이런 지평선을 마주할까 싶어
눈과 마음을 활짝 열고 달린다.
분명 이 황야 끝에 있을 둔황을 향해 또다시 달려간다.

2nd Wind

오늘따라 힘이 넘친다. 앞으로 치고 나가라는 종현이 말에 나갈까 했지만 대장 앞으로 나간다는 건 여전히 부담되어 머뭇거리고 있었다. 그런데 그때 재두 오빠가 신경 쓰지 말고 달리라고 해서 나오게 된 것이 "Top은혜"의 탄생이었다.

앞으로 서서히 가는데 사람들이 따라오지 않는 것 같았다. 가만히 보니 나에게 손짓 하는 모습이 '먼저 가라, 금방 따라 가겠다'처럼 보였다. 금방 오리라 믿고 달리기 시작했다(나중에 알고 보니 이 손짓은 멈추라는 손짓이었다). 그렇게 한참을 달리다 뒤를 돌아보는데 아무도 보이질 않았다. 순간, 내가 길을 잘못 들었나 하고 덜컥 겁이 났다. 그러나 이 길 말고는 위먼玉門, 옥문으로 가는

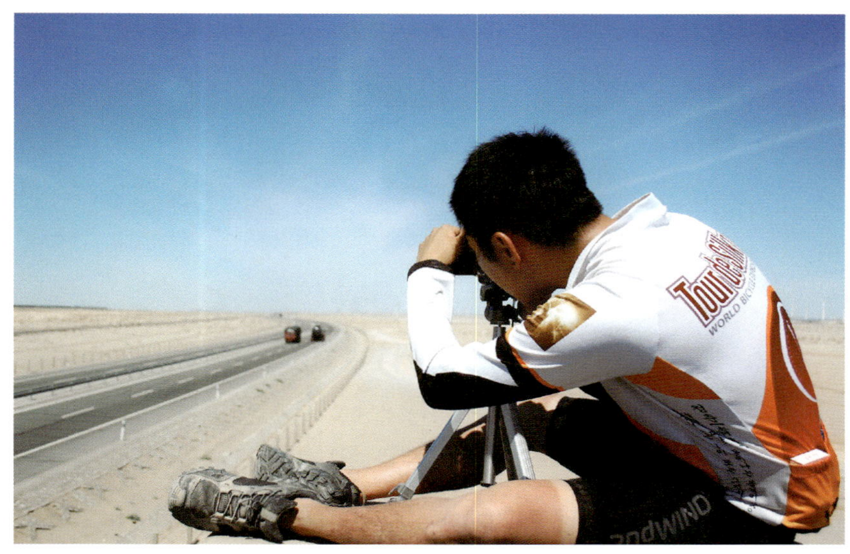

길이 없다는 사실을 상기시키며 정신을 가다듬었다.

그 뒤로도 한참을 혼자 달리다 서다를 반복하며 뒤를 돌아보았지만 여전히 사람은커녕 개미 새끼 한 마리 보이질 않았다. 결국 멈춰야겠다고 판단하고 한참을 기다린 뒤에야 명준이가 왔다. 명준이는 쓰러지다시피 하며 자전거를 버리고 누웠고 뒤에 회윤 오빠와 형근, 지혁이가 헐떡거리며 도착했다. 드디어 따라잡았냐는 질문에 명준이는 누나가 기다리지 않았으면 못 따라잡았을 것이라고 말했다. 나는 도무지 이해가 가질 않았다. 내가 그렇게 빨리 달렸나?

재두 오빠 말로는 이런 걸 '2nd wind'라고 한다. 운동을 하다가 어느 한계에 다다르면 힘든 줄 모르고 달리게 되는 걸 말하는데, 아마 나도 모르는 사이에 내가 그런 두 번째 바람을 타고 온 것 같다.

오르막길도 내리막길처럼 느껴진 오늘, 하루 종일 지평선을 즐기다 결국 지평선 너머 석양을 받으며 황홀하게 위먼에 도착했다. 개인적으로 최고의 라이딩으로 기억에 남는 날이다. 은혜

붕정만리(鵬程萬里)

붕새가 날아갈 길이 만 리라는 뜻으로, 머나먼 노정路程, 또는 사람의 앞날이
매우 요원하다라는 뜻이다.

踏上遥遥旅程。
鸿鹄之志的远大理想。

붕정만리 먼 여행길에 오르다.
붕정만리의 원대한 꿈.

우연인지 필연인지 우리는 붕새가 쉬어 간다는 붕정만리 비석 아래에서 쉬
게 되었다. 머나먼 노정, 혹은 사람의 앞날이 매우 요원하다는 뜻의 붕정만리
는 만 리를 여행을 하는 우리에게, 그리고 인생의 만 리를 살아가는 청춘에게
힘을 주는 응원의 메시지가 아니었을까? 붕새와 같이 원대한 꿈을 가지고 만
리를 향해 간다!

한밤의 휴식처, 옥문

자위관을 출발하여 위먼에 먼저 도착하였다. '위먼'은 옥이 들어오는 문이라
는 뜻으로 '옥문(玉門)'을 중국식으로 발음한 것이다. 위먼에 밤늦게 도착한 우
리는 근처에서 사온 수박과 아이스크림으로 하루 종일 메말랐던 갈증을 달랬다.
긴 주행으로 뭉친 어깨를 서로 주물러주며 힘든 하루에 다시 한번 파이팅을 외
친다.

欢迎您再来赤金峡景区
赤金峡欢迎您
鹏程万里

날이 밝고 이제 위먼을 출발하여 과저우를 향해 간다. 과저우는 특히 과瓜류의 작물 재배가 유명하여 그 이름이 과의 도시, 과저우瓜州가 되었다. 과瓜는 보통 수박 및 호박류의 박과 식물을 통칭한다. 중국어로 수박은 西瓜서과, 호박은 黃瓜황과, 메론은 哈密瓜합밀과 등 우리가 생각할 수 있는 박과 종류의 이름엔 모두 이 '과瓜'란 글자가 들어 있다.

그렇게 과저우로 들어서는데, 우리는 이곳이 또한 커다란 화훼농업단지임을 깨달았다. 바로 도로 양쪽에 펼쳐진 탐스러운 해바라기 밭 때문이다. 태어나서 이렇게 해바라기 밭이 끝없이 이어진 곳은 본 적이 없고, 또한 하나의 해바라기가 이렇게 아름답고 풍성한 모양새를 가졌는지도 처음 알게 되었다. 해바라기들은 정말 해만 바라보는 건지, 우리가 달려온 동쪽으로 해바라기들이 한껏 고개를 내밀고 있었다. 은혜

위먼에서 과저우로 가는 길은 생각 외로 너무나 아름답고 즐거웠다. 길 자체로 보자면 굉장히 황량한 황무지의 연속이었지만, 우리가 한국에서부터 꿈꿔오던 지평선을 마음껏 내달리는 주행이 바로 여기에 있었기에 이 또한 힘들지 않았다. 또한 황야라는 게 믿기지 않을 만큼 신록이 우거진 아름다운 마을에서 쉬어갈 수도 있었다.

햇살을 피해 그늘에 앉으면 시원한 바람이 이마와 등허리의 땀을 말끔히 씻어내 주었고, 우리가 잠시 쉬어 갔던 이 동네도 아름다운 풍경 속에 위치한 그야말로 동화 같은 마을이었다. 인상적인 것은 이곳에 살고 있던 아이들의 모습이었다. 우리가 자전거를 타고 마을 어귀에 들어서자 동네 꼬마들이 어찌 알았는지 제각각 자전거를 타고 나타났다. 그런데 가만 보니 어떤 아이는 페달이 없는 채로, 어떤 아이는 프레임이 휜 채로, 어딘가 한 가지씩 망가진 자전거를 타고 있었다. 한국에서 아이들에게 이런 자전거를 타라고 했다면 난리가 났을 텐데, 이 아이들은 정말 즐겁게 타고 있었다.

그중 유독 눈에 띄는 두 아이가 있었다. 한족 소년과 위구르 소년이었는데 둘은 굉장한 단짝친구로, 유창한 표준어로 이야기를 나누고 있었다. 위구르 소년의 표준어는 내 눈과 귀를 동시에 의심하게 만들 만큼 완벽한 한어漢語, 한족의

^{언어, 중국어의 별칭}였다. 얼굴은 위구르족이었으나 입에서 나오는 말은 한족과 다를 바가 없었다.

아이들은 처음 보는 낯선 이방인과도 한숨을 섞어가며 아무렇지 않다는 듯 이야기를 나누었다. 두 아이가 해맑게 같이 뛰노는 모습을 보니 새삼 내가 가고 있는 이 길이 서역으로 가는 길이었음을 다시금 깨닫게 된다. 위구르 소년과 한족 소년이 함께 자전거를 타며 뛰노는 이곳. 이제 우리의 여정도 서역에 한 발짝 더 다가섰음을 느낀다. 은혜

자위관을 떠난 우리는 다시 힘을 내어 달리기 시작했다! 우리의 목적지는 둔황! 3일 동안 정말 열심히 달렸다. 매일 새벽에 일어나 스트레칭하고 페달을 밟고, 점심시간에는 계속 자고, 다시 밤에 달리고…….

과저우에서 출발할 때는 황량한 사막을 달리기도 했다. 하지만 그곳에서 바이란과白兰瓜, 백란과라는 과일을 맛볼 수 있었다. 그 맛은 차마 형용할 수 없을 만큼 맛있었다. 멜론과 수박의 단맛과 부드러움이 잘 어우러진 바이란과는 특히 햇살이 뜨거운 그곳에는 최적이었다. 보통 하미과哈密瓜, 합밀과, 멜론가 가장 유명하지만 실제 당도는 하미과보다 바이란과가 높다고 한다.

이미 세상에서 가장 단맛의 바이란과를 먹고 있는 우리에게 아저씨가 더 단 것을 맛보여 주겠다고 했을 때는 믿기지 않았다. 그러나 아저씨는 가면 갈수록 더 단맛의 바이란과를 보여주셨고, 우린 순전히 바이란과로만 배가 터지도록 먹었다. 나중에는 심지어 사탕처럼 단 것도 있었다. 세상에서 가장 달콤한 과일, 바이란과. 한국에 계신 부모님께 이 달콤함을 전해드리지 못해 아쉽기만 하다. 명준

과저우~둔황 가는 길

    과저우를 나서자마자 게걸스럽게 먹은 바이란과 탓인가, 아랫배가 슬슬 아파오기 시작했다. 뜨거운 사막 열기에 물을 또 벌컥벌컥 마셔대니 이내 배는 임신부가 느끼는 태동마냥 요동쳤다. 분명 내 이마에 흐르는 땀은 사막 열기 때문이 아닌 복통으로 인한 식은땀이었다. 그렇다, 설사다. 드디어 올 것이 오고야 말았다. 자전거 여행 중 최악이라는 그 설사다.

    불편한 안장은 나를 더욱 자극했고 용변을 볼 곳이 필요했다. 주위를 둘러보니 나무는커녕 풀 한 포기, 작은 언덕 하나 없는 사막이다. 식은땀이 더욱 흐르고 페달링은 이미 내 의지를 벗어났다. 아이들을 앞서 보낸 뒤 맨 뒤에서 일 처리를 해야겠다고 마음먹었다. 종종 지나가는 차량은 신경 쓸 겨를이 없었다. 아, 사막에서 외국인 엉덩이를 보는 그들은 어떤 심정일까?

엉덩이 노출을 감수하고자 이렇게 마음먹은 순간! 아, 야속한 것들……. 내 뒤에는 지친 은혜와 수현이가 있었다. 내가 자전거를 멈추자 은혜가 괜찮으니 먼저 가란다. 자기를 걱정하는 줄 알았나 보다. 환장할 노릇이다. 그래도 지쳐서 힘들어하는 아이한테 똥을 싸야 하니 빨리 가라고 할 수는 없는 노릇 아닌가? 설상가상으로 앞서 달리던 대원들이 뒤처진 나와 은혜, 수현이가 걱정돼서 기다리고 있었다. 먼저 가라고 손짓해도 괜찮으니 어서 오라며 손을 흔들어댔다. 빨리 꺼지라고 소리 지르면, 아~ 상상하기 싫은 상황이 벌어질 것만 같았다.

여성 대원들이 보는 와중에 바지를 내릴 수 없는 노릇이기에 체념하고 다시 페달을 밟았다. 눈에 보이는 대원들까지의 거리가 마치 천 리와도 같게 느껴졌던 그 길에서 나는 기적을 만났다. 길가 왼쪽 편에 기적같이 움푹 팬 곳이 있었던 것이다. 아, 신은 아직 나를 버리시지 않았다. 자전거를 집어던지고 웅덩이로 뛰어내렸다. 훗날 아이들의 이야기로는 조금 전까지 달려오던 사람이 갑자기 자전거만 남기고 사라졌다나?

어찌 됐건 무사히 그리고 상쾌하게 일을 본 후 뒤처리를 하고 웅덩이를 오르려는 순간, 커다란 돼지 한 마리가 내 바로 옆에서 죽어 썩어가고 있는 것이 보였다. 이 끔찍하고 더러운 경험에서 나는 왜 갑자기 원효 대사의 해골물 이야기가 생각났던 것일까? 회윤

　360도 황무지를 내지른다. 도로 포장이 잘되어 있는 편이라 라이딩할 만하다. 개는 말라죽어 있었고, 우리도 이대로 가다간 말라죽기 직전이었다. 다시 달리고 달렸으나 여전히 황무지는 계속되고, 물은 다 떨어져 갔다. 몇 시간 전의 행복했던 달콤함은 온데간데없이 사라지고 정말 황무지 속을 내리 달리고 있었다. 정말로 작은 상점 하나 보이지 않았다.

　물은 다 마셔버렸고 '이렇게 계속 가다가는 정말 죽을 수도 있겠구나'라는 생각이 처음으로 들었다. 그러던 중, 저 멀리 태양광판이 설치된 어떤 건물이 보였다. 종현이는 거기로 올라오라고 했다. 하나님, 감사합니다. 건물과 인적을 발견한 것이다! 안에 들어가자마자 물부터 찾았다. 웬 석유통 같은 것이 물이라고 했다. 우물물이라는데 안전하냐고 물은 뒤 허겁지겁 마시기 시작했다. 벌컥벌컥. 정말 살기 위한 순간이었다. 뒤따라오던 사람들에게 양은그릇을 주고 다들 돌려 마시게 했다. 겉으로 보기엔 불청결해 보이는 석유통이었지만, 물맛이 정말 꿀맛이었다. 살았다!

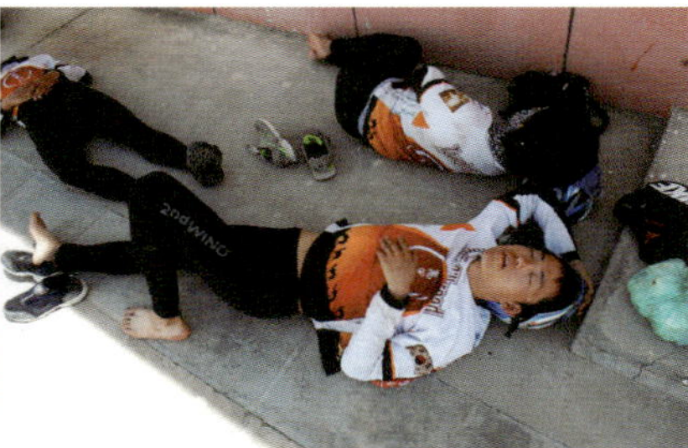

그곳의 이름은 '첨수정甛水井' 말 그대로 정말 달콤한 물이 있는 우물이었다. 하루에 딱 한 번 열차가 지나가는 이곳은 역장님과 역무원 두세 분이 동네 아저씨처럼 편안한 차림으로 근무를 서고 계셨다. 내일 열차를 타기 위해 미리 온 주민과 역무원분들 그리고 우리가 이 기차역의 전부였다. 작게나마 샤워실까지 있어서 물을 온몸에 뿌리고 더위를 식힐 수 있었다. 모두들 물을 마시고 세상에서 제일 맛있는 꽃빵에 장아찌 반찬을 먹고 역 그늘 아래에서 단잠에 빠져들었다.

몇 시간이 흐른 후 우리는 기력을 되찾았고, 냉장고에 넣어놓은 물을 챙겨놓고 떠날 준비를 하였다. 그리고 헤어질 시간, 비빔밥 엽서와 우리나라 지폐를 기념으로 드리고 싶었다. 그러나 역장님은 한사코 돈은 받지 않으셨다. 한국에서 기념주화로 돈의 기능이 없으면 몰라도, 유통되는 화폐라면 한 푼도 받을 수 없다고 정중하게 잘라 거절하셨다. 그 순간, 종현, 형근을 비롯한 중국어를 들은 친구들은 다 잊지 못할 한마디.

"一分钱也收不了 한 푼도 받을 수 없다."

이게 중국인이고, 중국인의 정이란 이런 것이다. 이 순간 우리 12명 모두 깊은 곳에서부터 올라오는 뜨거운 무언가를 느낄 수 있었다. 은혜

막고굴(莫高窟)

1900년 6월 22일 둔황석굴을 지키던 왕원록 도사는 제16굴을 청소하다가 이상한 공명음을 듣고는 막혀 있던 밀실을 발견하게 된다. 길이가 2.6m, 높이 3m의 이 석굴에는 오호십육국 시대에서 북송 시대(4~11C)에 이르기까지의 5만 점에 달하는 고문서와 고대악기, 고화, 고서 등이 잠들어 있었다. 그렇게 해서 둔황 유물의 정수이자 도서관이라고 할 수 있는 제17굴(장경동)이 세상에 알려지게 되었다. 외세의 침입이 잦은 지역이라 아예 중요 문화재들만 제16굴의 보조굴에 모아서 폐쇄를 했던 것이 몇 백 년 동안 발견되지 않다가 왕원록 도사에 의해 발견된 것이다.

그러나 1907년 헝가리 출신의 탐험가 오렐 스타인이 이곳을 관리하던 왕원록 도사에게 소액의 기부금을 주고 장경동에서 약 7,000점의 유물을 대영박물관으로 유출시킨다. 1908년 프랑스인 탐험가 폴 펠리오 역시 7,000점의 유물을 프랑스로 유출하게 되는데, 혜초의 왕오천축국전도 여기에 묻혀 나간 것이다.

그 이후로도 '실크로드의 악마'라 불리는 푸른 눈의 탐험가('도굴꾼'이라는 말이 훨씬 어울린다)들은 남은 유물들을 샅샅이 긁어모아 자국으로 보내는 데 열을 올렸다.

이번 실크로드 원정을 준비하며 나를 가장 설레게 했던 곳, 하지만 사방이 뜯겨져나가 어디 하나 성한 곳을 찾아볼 수 없었던 둔황의 막고굴을 보고 있자니, 인간의 소유욕과 탐욕에 대해 한없이 실망하고 분개하며 스스로도 반성하게 된다. 거침없이 벽화에 난도질을 하여 뜯어가던 '실크로드의 악마'들은 내리쬐는 둔황의 태양 아래 한 점 부끄러움도 느끼지 못하였을까? 수현

양관(阳关)

한나라 무제 때 건설된 양관은 서역제국으로 통하는 관문 중 가장 서쪽 변방에 위치한 관문이었다. 옛 실크로드의 남쪽 통로로 지나는 골목이며, 고승인 현장법사가 인도에 갔다가 돌아오는 길에 지났던 곳이다. 송宋 나라 이후 해상교통의 이용이 활발해지면서 육상 실크로드가 쇠퇴하였고, 이로 인해 이곳은 폐허가 되었다. 지금은 '양관얼무阳关耳目'라고 불리는 한 시기의 봉화대만 남아 있었으며, 양관박물관이 설립되어 실크로드와 관련된 유적을 전시하고 있었다.

이동시간과 교통비 문제 때문에 12명 중 4명의 대원만 추려서 양관에 가기로 했다. 나는 메인 캠코더 촬영 임무를 맡았기에 따라나섰다. 솔직히 숙소에서 쉬고 싶은 마음이 더 컸지만 한편으론 실크로드의 색다른 곳을 볼 수 있을 것 같은 괜한 기대감도 있었다. 양관은 둔황 시가지에서 멀리 떨어져 있고, 차량 운행이 많지 않아 택시를 대절해서 가야만 했다. 한 시간 정도 달려 점심때쯤 도착한 양관은 황무지 한가운데 꽤 웅장한 규모로 자리 잡고 있었다. 에어컨을 튼 택시에서 내리자마자 뜨겁고 건조한 공기가 나를 덮쳤다. 너무 뜨거워 빨리 둘러보고 돌아가고 싶은 마음이 들었다. 그렇게 개운치 않게 양관 관광을 시작했다.

양관은 서역으로 통하는 관문 중 가장 서쪽 변방에 위치하고 있는 곳이자 서역남로의 시발점이었다. 그 자체만으로 실크로드에 있어 상징적 의미가 큰 곳이었다. 안타깝게도 옛것 그대로 남아 있는 것은 봉화대뿐이었다. 하지만 성곽을 비롯해 군사훈련장, 옛 무기, 시설들의 모습이 잘 재현되어 있었고, 깨끗하게 관리되어 있었다. 제일 먼저 시선을 끈 것은 망루의 명패였다. 동쪽의 망루에는 서통누관西通攫关, 반대쪽에는 동망장안東望長安이라고 되어 있었다. 이 명패들을 보니 내가 옛 실크로드 시공간 속에 있는 것 같았고, 새삼스레 흥미로워지기 시작했다. 고백하자면 이전까지 여러 유적지와 유적을 보면서 달려왔지만 실크로드의 실체에 대해서 그야말로 "확" 느낄 수는 없었다. 공부가 부족했던 탓이 크지만, 이곳만큼 위치적으로 동서를 확연히 구분해 주는 곳은 없었기 때문이 아닐까 싶기도 하다.

　이유는 다를지 모르지만 같이 온 재두 형과 은혜 역시 기대 이상으로 큰 인상을 받은 것 같았다. 박물관까지만 보고 위먼관으로 이동하려고 했던 계획을 바꿔 추가요금을 내고 당나귀를 타고 양관 끝자락의 언덕까지 둘러보았다. 언덕에 올라서니 황무지가 펼쳐져 있고, 멀리 천산의 만년설이 보였다. 지금은 잡풀만 듬성듬성 자라고 있는 저곳이, 한때는 천산에서 내려온 물을 활용한 포도밭이 무성했고, 교류를 하기 위한 사람들로 붐볐다고 한다. 실크로드의 쇠퇴로 인해 흙먼지만 고요히 날리고 있는 황무지를 보고 있자니 세월의 허망함도 느껴지고 기분이 오묘했다. 우리는 더위를 잊은 채 한참 동안 양관의 서쪽 변방을 바라보다가 관광을 마쳤다. 선호

渭城朝雨浥轻尘。

客舍青青柳色新。

劝君更尽一杯酒。

西出阳关无故人。

위성의 아침 비 가벼이 날리는 티끌을 적시고,

객사에는 파릇파릇 버들 색 새로운데,

권하노니 그대 다시 한잔 술을 드소서,

서쪽으로 양관을 나서면 이젠 다시 옛친구가 없으리니.

왕유의 〈양관삼첩阳关三叠〉 중에서

위먼관(玉門关)

　　기대 이상의 감흥을 주었던 양관 덕분에 '옥이 통해 갔던 관문'이라는 이름의 위먼관 가는 길이 기대되었다. 가는 길은 양관보다 더 좋지 않았다. 분명 아스팔트 포장길인데, 널브러진 자갈들 때문에 마치 비포장을 달리는 듯했고, 주위에는 풀 한 포기 보이지 않았다. 그렇게 삼십 분 정도 달리니 택시기사가 손으로 창밖 멀리를 가리킨다. 손끝 너머에는 건축물이라고 말하기에는 애매한 거대한 흙덩어리가 보였다. '설마 저게 위먼관?' 도착해보니 맞았다. 가까이서 보니 문이 나 있는 건물이었다고 짐작할 정도의 형상을 가지고 있었다. 규모와 주변 환경은 양관에 비해 초라하다 못해 을씨년스러웠다(상대적으로 양관의 모습이 잘 재현된 것이 이유일 수도 있지만). 다른 관광객이 없었다면 무서웠을지도 모를 정도다. 양관은 둘러볼 것도 없이 황무지와 하나가 되어 있었다.

　　영상촬영을 하는 와중에 머리가 '핑' 돌았다. 위먼관은 양관보다 더 뜨거웠다. 이곳의 기후는 덥다는 표현보다 뜨겁다는 표현이 맞다. 그야말로 실신 직전이었다. 참을 수 없는 더위에 우리는 숙소로 돌아가는 길을 재촉했다. 돌아가는 길에 차창 밖을 멍하니 보고 있자니 문득 '옛 사람들은 어떻게 이 더위를 견뎠을까? 목숨을 담보로 해서 굳이 왜 서쪽으로(혹은 동쪽으로) 가려 했을까?' 하는 생각이 들었다.

　　나중에 시간이 지나고 보니 동기나 이유 · 방법 이상으로 중요한 것을 잊고 있었다. 바로 그들의 무모함과 용기가 일궈낸 동서양 문물 교류의 역사였다. 세월의 풍파 속에서 그 흔적만 간신히 유지하고 있는 위먼관은 양관과는 또 다른 실크로드의 무엇을 느끼게 해 주었다. 선호

玉
門
關
遺
址

한장성(漢長成)

　　한나라 무제 때 장건이 개척한 실크로드 관문인 위먼관 근처에 남아 있는 한나라의 장성이다. 기원전 2세기 초에 지어진 이곳은 훗날 진秦나라 만리장성의 원형이 된 곳이다. 한장성의 성곽은 지역에 따라 다른 형태로 쌓고 있는데, 이곳 둔황 지역은 주변 오아시스에서 자라는 갈대와 모래자갈을 주로 사용하여 건축하였다. 이 지역은 비가 거의 오지 않는 건조한 사막지역이어서 그런지 수천 년이 지난 오늘날까지 그 모습을 간직하고 있는 게 매우 인상 깊다. 다만 군데군데 파인 흔적에서 무수한 세월의 인고가 느껴진다. 이곳 한장성은 한 무제 때 명장 곽거병, 서역으로 가는 실크로드를 개척한 장건, 후한漢의 명장 반초, 고구려의 후손으로 서역을 휘저었던 고선지 장군까지 수많은 역사적인 인물들이 거쳐 간 의미 깊은 장소이다. '허허벌판'이라는 말이 전혀 무색하지 않은 이곳에서 그 옛날 거침없이 돌진하여 왔을 유목민족과 이를 막기 위해 고군분투하였을 중원민족 사이의 치열한 한판 승부를 머릿속에 그려본다. 수현

밍사산(鳴砂山)

처음 실크로드 원정을 준비할 때가 생각난다. 사막을 지난다는 말에 흥분을 감출 수 없었고, 나를 비롯한 우리 팀원 중 몇몇은 마음속에 사막을 품고 왔다고 해도 과언이 아니었다. 그러던 우리가 마음속에 그리던 사막을 처음으로 맞닥뜨린 곳은 바로 '밍사산鳴砂山, 명사산'이었다. 지난 며칠간 주행을 하며 보았던 황무지 같은 사막의 이미지와는 전혀 다른, 내가 마음속에 생각하고 그리던 사막의 모습 그대로였다.

바람이 불면 무너져 내리는 모래소리가 마치 우는 소리와 같다는 데에서 이름 지어진 '밍사산'. 그 명성처럼 밍사산에는 사방에서 모래바람이 몰아치며 우리가 지나온 발자국을 흔적도 없이 감추고 있었다.

힘들게 정상에 올라 저 멀리 바라보니 마치 바다가 없는 해변이 끝없이 펼쳐져 있는 듯한 모습이었다. 예전 상인들은 이곳을 걸으며 무슨 생각을 했을까? 오아시스? 도착지? 가족? 새로운 물건들?

가만히 모래언덕 위에 앉아 지평선 너머로 지는 노을을 바라보고 있자니 마치 내가 실크로드 상인이 된 기분이 들었다. 문득 가족들이 생각난다. 집에 돌아가면 좀 더 좋은 아들이 되어야지! 옛 실크로드 상인들도 항상 이런 생각을 했으리라……. 명준

사진

카메라 셔터 몇 번 눌러본 경험을 믿고 여행에 카메라를 들고 갔다.

그것도 수동식 필름카메라.

무겁고, 일일이 필름을 감고, 초점을 맞추고,

노출을 결정하는 수고스러움은 둘째 치고

찍자마자 사진이 나오지 않기 때문에

찍으면서도 불안하고 걱정이 되었다.

그런데 한국에 돌아와 현상을 하고 결과물들을 보면서

뜻밖에 선물을 받은 기분이 들었다.

여기는 명사산이다.

원래 관광객들로 붐비는 곳이라 일부러 사람이 없는 쪽으로 찍었다.

그래서 당연히 달과 모래만이 있을 줄 알았는데

뜻밖에 달과 모래 가운데 사람이 들어가면서

이상하게 내 마음을 잡아끄는 사진이 나왔다.

둔황 야시장

밤이 되면 잠시 식었던 '둔황'은 다시 한번 타오른다. '치익치익' 마른하늘에 추상화를 그리며 피어오르는 연기는 소리마저 경쾌하다. 노릇노릇 구워져 가는 양꼬치에 향신료가 가미되어 코끝을 자극하면, 어느 누구 하나 쉬이 지나쳐 갈 수가 없다.

'달과 같은 맥주, 맥주 같은 달'

둔황의 밤은 그렇게 타올랐다가 금세 그렇게 다시 식어간다. (수현)

중국에 또 가게 된다면 둔황에 다시 가보고 싶다.
둔황 야시장에서 중국인마냥 웃통을 벗은 채
매일 양꼬치와 맥주를 마시며
호방하게 웃다가 오고 싶다.

역풍(逆風)과의 싸움: 류위안

둔황에서 잘 보고 잘 먹고 잘 씻은 우리는 그다음 도시로 가기 위한 채비를 마쳤다. 다음은 류위안柳园, 유원이라는 도시였는데, 이 코스 또한 아주 힘들었다. 아픈 형근이와 보호자 성훈이 형이 제외된 상태에서 우리는 다시 한번 황무지를 가로질러 갔다.

이번에는 정말 '아무것'도 없었다. 보이는 것은 황무지뿐……. 점심 먹은 곳을 지나치니 모래와 바위밖에 보이지 않았다. 더웠다. 햇볕이 뜨거웠지만 물을 많이 가져와 조금씩 마시면서 달렸다. 그때 한 가지 큰 실수를 범했다. 남들처럼 자전거를 타면서 물을 마시려다 물통 뚜껑을 놓쳐 버린 것이다. 원래는 빨아서 마실 수 있는 물통을 사야 했으나 뚜껑이 있는 것을 사는 바람에 한 손으로 천천히 뚜껑을 따려다가 놓쳐버린 것이다. 바로 뒤에 다른 사람들이 달려오고 있어서 돌아갈 수도 없는 상태. 하는 수 없이 그냥 물통에 끼워보았는데, 달릴 때마다 진동으로 물이 떨어지기 시작했다. 이대로 가다간 물이 다 없어질 것 같아서 한꺼번에 많이 마시고 남은 물은 몸에 뿌린 후 다시 달리기 시작했다.

언제부터였을까. 갑자기 몸에 땀이 나고 갈증이 나기 시작했다. 탈수증이었다. 언제 도착할지 모르는 상태에서 물을 아껴 마셔야 했지만 탈수증 때문에 제대로 조절할 수가 없었다. 답 없는 시간을 겨우 버티고 있었다. 그때 들려오는 종현이 형의 한마디, "와 하늘이 밀키스 같다!" 그 순간 형에게 화가 나면서 괜히 눈물이 났다. '내가 왜 이런 걸 하고 있어야 하지? 집에 가면 에어컨 바람 맞으며 누워서 쉴 수 있을 텐데…….'

지수 누나 또한 엄청 힘들어 보였다. 명준

가장 뜨거운 피크타임을 피하고자 우리는 한 식당에 자리를 잡고 태양을 피하기로 했다. 평소와 같이 점심을 먹고 모두 낮잠을 잤는데, 어찌 된 영문인지 몇 시간을 자고 일어나도 이글거리는 태양이 좀체 누그러질 기미를 보이지 않았다. 이러면 안 되는데, 시간이 가고 있는데……. 종현 대장도 걱정이 되는 듯했다. 오늘뿐만이 아니라 앞으로의 나날이 계속 이렇게 된다면 정말 문제가 될 수 있어서 걱정은 더 깊어만 갔다. 새벽과 야간주행을 강행해 낮에 태양을 피해 쉬는 수밖에 없다는 얘기도 나왔다. 내가 생각해도 이런 식으로 간다면 그 것이 유일한 대응책이었다.

6시간을 그 식당에서 머문 뒤 더 이상 지체할 수 없어 떠나게 되었다. 또다시 지평선이 펼쳐졌고 힘든 시간이 계속됐다. 이렇게 되고 나니 정말 정신줄을 놓지 말아야겠다는 생각이 강해졌다. 이 상황에서 할 수 있는 건 그게 전부였다.

쉬는 시간, "하늘이 밀키스 같아~"라는 종현의 말이 들렸다. 땡볕 아래 아스팔트 위에서 지글지글 구워져 가고 있던 대원들은 소리 없이 분노했다. 특히 옆에서 아무 기척도 없이 지쳐 있던 지수의 얼굴이 짜증으로 가득 찼다. 그날 지수의 지친 모습 속에서 왠지 오늘 끝까지 함께하지 못할 것만 같은 불길한 예감이 들었다……. 은혜

류위안으로 향하는 길. 전날 양관과 위먼관을 오가며 봤던 풍경을 떠올리며 오늘 있을 주행에 대한 고민에 밤잠을 못 이루었다. 걱정은 현실이 되었다. 40도가 넘는 폭염에 점심을 먹고 4시간이 지나도록 출발할 엄두를 못 내다가 가까스로 움직였다. 인가 하나, 상점 하나 보이지 않는 황무지의 연속. 나름대로 물과 먹을 것을 충분히 준비하였건만 결국 우리 팀의 막내 여대원 지수가 포기하였다.

'포기'라는 단어는 사실 철저히 자전거라는 수단적 차원과 만리행이 추구하는 역경 극복의 가치에서 바라보고 한 말이다. 바쁜 1학기를 보내느라 꾸준한 체력관리도 안 된 여성 대원을 이 험난한 지역에 데려와서 모든 과정을 극복하길 바랐다면, 그것은 철저히 나의 욕심이었던 것이다. 그 뒤로도 대원들이 자전거에서 내릴 수밖에 없는 상황들이 몇 번 발생했지만, 모두들 여행이 끝날 때까지 별 탈 없이 잘 따라와 준 것만으로도 충분히 감사할 일이다.

무슨 일이 있어도 끝까지 함께 가는 것을 중시하던 이종현 대장을 설득해

지수를 다음 도시로 먼저 떠나보냈다. 그리고 다시 자전거 안장에 올라 많은 고민과 상념에 빠져들었다. 어쩌면 이때부터 팀의 분리에 대해 진지하게 고민하기 시작한 것인지도 모르겠다. 수현

류위안 가는 도중 오후가 되자 체력이 급격히 떨어졌다. 내리쬐는 직사광선은 저녁 8시 30분이 지나도 약해질 줄 몰랐고 입술은 바짝바짝 마르며 건조한 공기는 사람을 타 들어가게 했다. 페달을 한 번 밟기가 1톤짜리 역기를 드는 것과 같은 느낌이었다(한 번도 들어본 적은 없지만). 페달을 밟고 싶은데 안 밟힌다. 숨이 턱턱 막힌다. 현기증이 나는 듯 핑 하고 어지럽다. 맨 뒤에서 수현 오빠, 선호 오빠의 도움을 받으며 한 발 한 발 나아갔다.

대장 종현 오빠가 지나가는 택시의 타이어를 고쳐주고 잠시 그늘을 만들어 달라고 부탁해 택시 밑에 생긴 그늘에서 잠시 쉬었다. 이 정도로 우리가 달리는 곳은 그늘 하나 없는 180도 지평선 황무지 그 자체였다. 내리쬐는 태양을 막아줄 산 하나 없다. 산은커녕 나무 한 그루도 없는 사막이다. 택시 기사 아주머니를 보내드리고 우리는 황무지에 누워 쉬었다.

대장 오빠의 "3분 후 출발합니다"라는 말을 듣는데 아, 자신이 없었다. 무거운 마음으로 눕혀 놓은 자전거를 꾸역꾸역 일으켜 달릴 준비를 하는데 눈물이 났다. 이건 서러움도 아닌, 후회도 아닌, 슬픔도 아닌, 그냥 정말 힘들어서였다. 그런 나를 본 수현 오빠는 회윤 오빠와 함께 택시로 먼저 가라고 했다. 회윤 오빠에게 고맙고 미안했다. 1시간 넘게 택시를 타고 류위안으로 가는 동안 창밖 풍경을 보니 길에는 아무것도 없었다. 끝없이 황무지만이 계속됐다. 나머지 대원들이 오늘 안에 무사히 류위안으로 오기를 빌고 또 빌었다. 여행 와서 처음으로 은혜 언니 없이 혼자 방을 쓰며 잠을 자니 기분이 묘했다. 지수

긍정적인 마음을 먹는다면 가능할 거라, 그리고 행운도 따라줄 거라 생각했다. 뜨거운 태양 아래에서도 우연히 그늘을 만들어주는 택시를 만났고, 하늘 색깔도 유난히 맑아보였다.

지쳐 있는 대원들의 사기를 높이기 위해 한 말이 대원들을 이해하지 못한 이기적인 행동이 되었다. 결국, 지수를 떠나보냈다. 종현

아무것도 없는 황무지를 힘겹게 달리다가 햇빛을 피할 그림자가 조금이라도 보이면 휴식을 취했다. 혼자 갔으면 정말 힘들었을 이 길을 12명이 함께 에너지를 나누며 갔기에 서로를 바라보며 웃을 수 있었다. 지혁

지수를 보내고 나는 유일한 여성 대원으로 계속 달려가기로 했다. 대장 종현이가 오늘 그런 대로 힘을 내는 나를 주자로 앞세웠다. 그런데 이게 웬걸, 선두를 맡게 되자 입은 바싹바싹 타들어 갔고 심장 박동은 빨라졌다. 부담감. 조금 전까지 여유 있게 달리던 모습은 온데간데없고 입술부터 목구멍까지 바싹바싹 긴장이 타들어 갔다. 가뜩이나 힘든 상황에 선두를 맡긴 대장과 같이 달리고 있는 남성 대원들에게 차마 티를 낼 수 없어서 그냥 달렸다.

밤이 깊어 앞은 보이질 않고 제자리를 밟듯이 페달을 밟아갔다. 바람이 분다. 체력을 비축하기 위해 전열을 가다듬어 가며 바람을 막아주기로 한다. 그런데 나에게 있어 이렇게 한 조로 붙어 달리는 주행은 참으로 어려운 것이었다.

체력 비축을 위해 앞사람 등에 바싹 붙어야 하지만 너무 가까운 나머지 부딪

혀서는 안 된다. 그렇다고 부딪힐 게 겁이 나서 뒤로 조금이라도 거리를 두게 되면 바람 때문에 여지없이 뒤로 밀리게 된다. 따라서 너무 멀지도 가깝지도 않은 거리를 유지하며 주행을 하는 것이 관건이다. 그러나 이것은 머리로는 쉽지만 실제로 주행할 때는 여간 어려운 것이 아니다.

황홀한 낮과 밤의 교차를 바라보며 오늘은 야영을 하기로 결정한다. 야영도 처음이지만 해와 달이 동시에 떠 있는 광경도 처음이었다. 동편으론 검푸른 하늘이 달과 별을 벌써 내놓은 채, 서편으론 붉은 태양이 이글거리고 있었다. 우리는 탁 트인 하늘과 끝없는 황무지 가운데 텐트를 치고 서늘한 밤을 보냈다.

미친 두 사람

나도 좀 극적일 만큼 긍정적이라 마음만큼은 하늘 속에서 살아가고 있었다.
그런데 이런 나보다 10배는 더 저 하늘속에서 살아가는 녀석이 있었으니,
그 이름 이종현.
무한 긍정과 무한 에너지의
에너자이저라 하고 싶다.

저때 우린 모두 뻗어 있었다.
아스팔트에 자전거 바퀴가 쩍쩍 달라붙는 땡볕이
머리 위를 떠나지 않던 그날이었다.
그런데 그 녹아내림에 지고 싶지 않았다.

그대로 누워 있다간 뜨거움에 저항도 해보지 못한 채

다 녹아 없어져 버릴 것만 같았다.

일어나 달리고 싶었다.

러닝화를 신었다는 것을 핑계로 종현이와 시합을 하기로 했다.

우린 갑자기 뛰쳐나갔다.

누워 있던 10명은

우릴 보고

미친 두 사람이라고 생각하지 않았을까?

그래서 여기 있다.

미친 두 사람.

잠시 쉬어 가자.
나도 쉬고, 종일 뜨거운 아스팔트를
달리느라 고생했을 자전거야,
너도 잠시 쉬어 가자.
한 치 앞도 분간하기 어려운 야간주행이라 긴장했을
우리 모두도 잠시만 쉬어 가자.
그리고 오늘처럼 서로가 서로의 등불이 되어 가자.
수현

사막에서 아침을… **류위안**으로 Go!

　역풍과의 악연은 이때부터가 아닐까 싶다. 어제도 힘들었지만 오늘의 역풍은 어제의 그것이 아니었다. 그냥 정반대로 부는 바람이 야속하리만치 미웠다. 정말 힘들었다. 한 20km만 더 가면 되는데 너무나 멀기만 했다. 속도가 나질 않았다. 답답하고 다리에 힘도 없고 정말 주저앉고 싶은 마음이었다. 하지만 어제도 잘 버텨내지 않았나. 혼자도 아니고 다 같이 있으니 이겨내보자!

　거의 다 와서는 정말 체력소진을 절실히 느낄 수 있었다. 종현이는 내 패니어를 대신 실어주고 선호는 침낭과 기타 짐들을 모두 대신 들어주었다. 미안했고 또 고마웠다. 하지만 그렇게라도 하지 않으면 내가 너무 처져서 도저히 따라갈 수가 없었다. 다른 팀원들에게 폐를 끼치지 않기 위해서라도 앞으로 나아가야 했다. 그렇게 류위안으로 힘겹게 역풍을 뚫으며 가고 있었다.

　수박을 통한 수분 섭취가 간절했다. 다른 대원들이 시원한 탄산음료나 레드불로 힘을 낼 때 나에겐 수박이 큰 힘이 되곤 했다. 이날도 정말 수박 하나만 먹었으면 소원이 없겠다고 속으로 주문을 외듯 주행을 하고 있었다. 그런데 옆에서 달리던 선호가 지나가는 트럭을 가리키며 "저거 수박차 아니야?"라고 한다.

　"수박이야, 수박! 종현아, 수박이다!"

　선호가 외쳤다. 그리고 종현이는 빛의 속도로 트럭을 쫓아갔고, 결국 우리 대장 이종현은 수박차를 잡는 데 성공했다! 세상에, 하나님 아버지 감사합니다.

　순식간에 앞으로 달려 나가 수박차에 접근하는데, 앞을 보니 웬 외국인이 하미과 한쪽을 잘라서 우리 애들에게 나눠주고 있었다. 수박차의 수박은 아직 꺼내서 나오려면 멀었고, 눈앞의 하미과에 눈이 돌아갔다. 통상 먼저 인사라도 하고 고맙다고 한 후에 먹어야 하는데, 이성을 잃고 먼저 하미과 한쪽을 받아 먹어치웠다. 그러고는 수박 무게를 재고 왕창 한 포대기를 사서 그 외국 여행자와 나눠 먹었다. 나는 그제야 겨우 인사를 건넸다.

　그의 이름은 앤드류 Andrew. 미국에서는 이발소를 하다가 고아들을 돕기 위하여 벌써 6개월째 세계 각국을 자전거로 돌며 국제적 기금 구호 운동을 하고 있다고 했다. 정말 대단했다. 우리는 12명이 함께해도 힘든 이 길을 홀로 가고 있었던 것이다. 그것도 벌써 6개월째!

우리는 수박을 먹으며 함께 이야기를 나누고, 즐겁게 사진을 찍은 뒤 헤어졌다. 트레일러까지 달고 다니는 앤드류의 자전거는 포스가 남달랐다. 정말 험한 길을 많이 다닌 듯했다. 패니어와 자전거에 흙이 덕지덕지 말라붙어 있던 모습은 앤드류의 지난 여정을 충분히 설명해주고 있었다. 연락처를 주고받은 후 앤드류는 다시 자전거를 타고 우리가 지나온 길을 향해 갔다. 그 특유의 길쭉한 다리로 죽죽 페달링해 나가던 마지막 뒷모습이 인상 깊었다.

앤드류와의 인연은 여기서 끝나지 않고 서울까지 이어졌다. 중국에서 자전거 원정을 마친 앤드류는 한국에 왔고, 그의 기나긴 세계 자전거여행 대장정을 한국에서 마무리하게 되었다. 마침내 그가 고국으로 돌아가던 날, 우린 인천공항에서 손을 흔들어 주었다.

중국 황무지에서 자전거로 만난 우리가 서울에서 다음을 기약하다니, 인연이란 참 묘한 것이 아닐까? 은혜

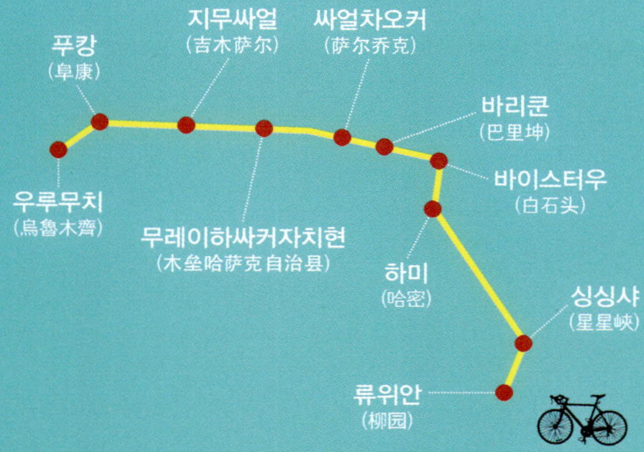

푸캉
(阜康)
지무싸얼
(吉木萨尔)
싸얼차오커
(萨尔乔克)
바리쿤
(巴里坤)
우루무치
(乌鲁木齐)
무레이하싸커자치현
(木垒哈萨克自治县)
바이스터우
(白石头)
하미
(哈密)
싱싱샤
(星星峡)
류위안
(柳园)

'같이'의 '가치'를 배우다

실크로드 초원길

4

류위안의 밤

둔황에서 류위안으로 가는 길은 험난한 여정이었다. 어렵게 도착한 류위안에서 우리 팀은 최대 위기를 맞는다. 사실 류위안은 도시라고 부르기에는 꽹장히 지저분하고 없어 보이는 동네였다.

자위관에서 자전거를 타고 출발한 이후로 일부 대원이 자동차로 먼저 가 있는 일이 심심찮게 생겨났다. 기후와 조건이 가혹했기에 자동차를 잡아 보내는 일이 어쩔 수 없었고 지금 생각해도 당시엔 어쩔 수 없는 선택이었다. 하지만 여행을 시작한 지 반도 안 되었는데 자꾸 이런 일이 발생하는 것은 큰 문제였다.

크게는 만리행의 정체성을 위협했고, 당장에는 많은 돈과 시간을 투자해서 온 대원들이 자동차를 타느라, 자전거 팀을 기다리느라 보내야 했던 시간 낭비가 문제였다. 게다가 이런 일이 앞으로는 더 많이 발생하리라 예상되었기에 이러다가는 죽도 밥도 안 된다는 판단이 들어 배낭여행 팀과 자전거 팀을 나누자는 이야기가 나왔다. 중요한 문제였기에 류위안에서 하루 더 머물며 서로의 의견을 좀 더 나누기로 했다. 재두 유난히 힘들게 달려 도착한 류위안. 본디 힘들게 달려 목적지에 도착했을 때는 기뻐야 마땅하지만, 이상하게 류위안은 그렇지 않았다. 사람도 적당히 다니고 물건을 살 가게도 넉넉히 있었지만 흙먼지가 섞인 바람이 사람을 불쾌하게 하고 삭막함마저 느끼게 했다. 더군다나 숙소에 도착했을 때 대신 짊어지고 온 은혜의 침낭이 없어졌다는 사실도 깨달았다. 류위안 초입에 떨어뜨렸을 것이라고 생각해 다시 확인해보고 오겠다고 종현, 수현에게 말했지만, 너무 덥고 위험하다며 가는 것은 포기하라는 완강한 답변만 돌아왔다. 하지만 찾을 수 있을 거라는 확신에 음료수를 사러 간다고 거짓말을 하고 류위안 초입까지 다녀왔다. 하지만 침낭은 없었다.

허탈한 발걸음으로 숙소에 돌아오니 수현이가 어디 갔다 왔냐고 다그친다. 예전과는 느낌이 좀 다르다. 얼굴이 상기된 채 밖에서 따로 보자고 한다. 그러더니 나가자마자 격앙되어 나를 꾸짖기 시작했다. 도대체 대장단의 말을 어떻게 생각하느냐며……. 나는 미안하다는 말밖에 할 말이 없었다. 굉장히 찝찝한 휴식시간을 보내게 될 것 같았다.

예감은 틀리지 않았다. 나는 대장단(종현/수현)과 같은 방에 묵게 되었는데, 종현과 수현의 분위기가 심상치 않았다. 아직 원정 중간단계이지만, 팀이 나눠지는 사태가 생각보다 빨리, 많이 생겼고 알게 모르게 대장단과 대원들 사이에 불신의 여운마저 감지되기 시작했기 때문이다. 이들도 사태의 심각성을 알았기에 빨리 대책을 마련해야 했다.

그렇게 대원들이 쉬는 동안 대장단 침대 중앙에는 지도와 책자가 펼쳐지고 수현과 종현의 한바탕 공방전이 벌어졌다. 둘의 의견은 너무도 달랐다. 종현은 무슨 일이 있어도 12명이 함께해야 한다, 수현은 팀을 나누어 위험부담을 줄이는 동시에 원래 목적을 달성해야 한다는 의견. 나는 이들이 이렇게 치열하게 생각하고 의견을 나누는 줄 몰랐다. 나중에 알았지만 이 둘의 의견이 부딪힐 때가 상당히 많았다. 돌이켜보면 이 점이 더 안전하고 성공적인 원정의 마침을 낳았을 것이라는 생각이 든다. 그렇게 다른 대원들이 개인정비를 하고 휴식하는 동안 대장단은 그 시간마저도 고민과 생각의 연속이었던 것이었다. 나는 이들의 고생에 대해 뒤늦게 적지 않은 충격을 받았다. 선호

류위안에서 종현이와 수현이가 초강수를 내밀었다. 배낭여행 팀과 자전거 팀으로 나누어 따로 여행을 하겠다는 것이었다. 그전까지의 여행에서 팀원들의 체력상태로 보나, 앞으로의 험난한 여정을 생각하면 안전이나 효율 면에서도 팀을 나누는 것이 불가피하다는 것이었다. 희윤

막내로서, 실크로드팀 회계로서, 한 명의 대원으로서 정말 어려운 결정을 할 때가 온 것이다. 이때까지 체력적으로 크게 뒤처지지 않았기 때문에 다들 내가 자전거 팀으로 갈 것이라고 예상했다. 하지만 앞으로의 여정에서 류위안으로 가는 길보다 더 험하고 힘든 길들이 얼마든지 있을 수 있었다. 류위안으로 가는 길에 나는 나의 한계를 어느 정도 맛보았고 이는 나만 해당되는 것이 아니었다. 더욱 힘든 길을 만나게 된다면 그땐 먼저 차를 타고 가는 사람들의 수나 횟수가 증가할 터였다. 팀의 사기로 보나 회계로 보나 큰 악영향을 미칠 것이 분명했다.

종현이 형과 수현이 형에게 내가 느낀 감정들을 모두 말하려고 했다. 하지만 나의 서툰 감정표현 때문인지, 미안한 마음 때문인지, 말보다는 눈물이 앞섰고 겨우겨우 배낭여행 팀을 선택했다는 말만 남기고 방을 나와 버렸다. 이때 나는 스스로에게 졌다는 느낌이 문득 들었다. 부정하고 싶지만 스스로에게 어느 정도 만족했기 때문에 나 자신을 다독이기 시작했다.

'괜찮아, 이 정도 했으면 충분해.'

하지만 또 한편으로는 아쉬움이 남았다.

'내가 겨우 이 정도밖에 되지 않았나? 온 지 며칠 됐다고 벌써 포기하려고 하나? 정말 한심하군.'

마음이 복잡했다. 영준

나는 어느 팀으로 가야 하나. 체력이 강한 편은 아니었지만, '자전거 팀'을 선택하기로 했다. 애초에 나는 '실크로드'에 남겨진 문화유적보다는 그 길을 자전거로 따라가며 자연을 느끼는 것에 더 흥미가 있었다. 물론 광활한 대륙에서의 배낭여행도 충분히 의미 있는 추억이 되겠지만, 나는 자전거를 타러 왔다는 생각이 강했다. 여기에 더하여 당시 나는 류위안의 전 출발지인 둔황에서 장염으로 고생하여 류위안까지 자전거를 타지 못했다. 이것은 나의 자전거에 대한 욕심을 더 굳게 하였고 '자전거 팀'에 들어가리라고 마음을 잡았다.

지금 생각하면 부끄럽지만 그 당시 나는 내가 어느 팀으로 가야 할지에 대한 고민만 하고 팀이 과연 나뉘어야 하는가에 대한 본질적인 질문에 대해서는 고민하지 않았다. 너무 수동적이었던 것 같다. 주어진 질문에 답할 궁리만 하고 감히 의문을 제기하지는 못한 것이다.

결국 우리 팀은 '팀이 꼭 나뉘어야 하나'라고 묻는 팀원들의 의견 덕분에 절충안을 택하여 끝까지 '만리행'으로 함께할 수 있었다. 형근

솔직히 이 이야기를 듣고 매우 섭섭했다. 우리에게 어떻게 하면 좋을지 의사를 묻기는 했지만 거의 배낭여행 팀을 따로 꾸리겠다고 결정을 내린 후에 '통보'를 하는 상황이었기 때문이다. 그래서 배낭여행 이야기에도 화가 났지만, 우리의 의사는 물어보지도 않고 결정을 한 것 같아 기분이 더 좋지 않았다. 배낭여행을 하게 되면 몸과 마음은 지금보다 편해지겠지만, 이건 아무리 생각해도 만리행으로서 할 수 있는 일이 아닌 것 같았다.

나는 자전거를 타러 왔지, 배낭여행을 하러 중국에 온 것이 아니다. 아무리 자전거를 타는 것이 힘들고 지쳐도 자전거를 타는 게 맞는 것 같다고 생각했다. 애초부터 여성 대원, 신입생, 만리행 무경험자가 같이 간다고 했을 때 이 사람들의 체력이 많이 딸릴 수 있다는 것을 모른 것도 아닌데, 이제 와서 많이 힘들어하니까 배낭여행 이야기가 나오는 것 같아 너무나 섭섭했다.

나는 꼭 우리가 목표한 주행거리를 완벽하게 달리는 것만이 '완주'는 아니라

고 생각한다. 12명 모두 즐겁고 건강하게 '함께' 달리고, 12명 모두 시작과 끝을 '함께'하는 것이 진정한 '완주'라고 생각한다. 두 팀이 나뉘어 따로 여행을 하고, 따로 한국으로 돌아간다면 이보다 더 굴욕적인 일은 없을 것 같았다. 지수

분리라니! 팀 분리는 나에게 '심란心亂' 그 자체였다. 장예 이후, 나는 미워하는 팀원마저 보고 싶어지는 경험을 하게 되었고 다시는 헤어지지 말아야겠다고 생각했다.

설령 둘로 갈라져 소수정예 팀이 당초 목적지에 도착한다 한들 그것이 과연 어떤 의미와 가치가 있을까? 온갖 위험을 무릅쓰고 끝내 해낸 동료들은 눈물나게 감동적인 순간들이 주어지겠지만, 그 와중에 배낭여행을 한 멤버들과 훗날 만났을 때 우린 진정 만리행 대원으로서 통通할 수 있을 것인가? 과연 그 사막과 카슈가르의 감동을 함께할 수 있을 것인가? 만일 그렇지 못하다면, 일부만의 감동이 오히려 우리가 하나로 뭉치는 것을 방해하지는 않을까?

나는 솔직하게 내 생각을 모두 말했다. 종현, 수현 모두 굉장히 힘들어 보였다. 도움이 되기는커녕 더 힘든 짐을 얹어준 것 같아 나오면서도 마음이 계속 무거웠다. 은혜

"두 사람의 의견이 항상 일치한다면 두 사람 중 한 사람은 불필요한 인물이다"라는 말이 있듯이, 어느 사회에서나 서로 다른 의견을 제시함으로써 보다 나은 결과를 이끌고자 노력하는 것은 매우 건전한 과정일 것이다. 여행을 이끄는 리더 역시 매 순간이 고민의 연속이다. 빠른 순발력으로 상황을 판단해 결단을 내려야 하는 순간이 오는데, 12명의 대원이 함께하는 이번 여행에 있어서도 그런 순간은 자주 찾아왔으며, 그때마다 이종현 대장과 나는 최선의 결과를 이끌어내기 위해 서로의 의견을 주고받았다. 여행 전과 달라진 점이 있다면, 여행 전에는 의견의 차이가 생겨도 좀 더 여유를 가지고 서로의 의견을 고려하며 순조롭게 합일점에 맞춰 나갈 수 있었던 반면, 여행이 시작되면서부터는 순

간의 결정이 바로 행동으로 이어지는 경우가 많았기에, 각자의 의견이 옳다고 믿는 성향이 더욱 강해졌다는 것이다.

여행 중 방법적 측면에서 사소하게 의견이 부딪치던 이종현 대장과 내가 결정적으로 의견 충돌을 일으켰던 곳이 바로 이곳 류위안이다. 둔황에서 류위안까지의 코스보다 더욱 힘든 코스가 눈앞에 놓인 상황에서, 무슨 일이 있어도 같이 가야 한다는 이종현 대장에 맞서 나는 자전거 팀과 배낭여행 팀으로의 분리를 주장하였다. 언성까지 높이며 치열한 논쟁을 펼친 결과 대원들에게 생각할 시간을 주고, 저녁 때 개개인의 생각을 따로 들어본다는 조건 아래 나의 주장을 관철시켰다. 그 순간만큼은 나의 의견과 그로 인해 내려진 결정이 최선이라고 믿었다.

여행이 끝나고 시간이 흐른 지금, 그 당시 이종현 대장과 내가 방법을 달리한 바탕에는 추구하는 가치관이 달랐음을 느낀다. 함께하는 '과정'을 가장 최우선으로 여긴 이종현 대장과 달리, 나는 '결과'를 추구하려는 생각이 더욱 강했던 것이다. 만리행 역사상 가장 험한 코스로 기억되는 2004년 티베트 원정에서 대원들이 모두 중도 포기를 했음에도 혼자만은 기어코 완주에 성공한 임시환 선배를 보며, 그에 미치지는 못하지만 타클라마칸사막을 넘어 카슈가르까지 완주함으로써 어떤 상황에서도 타협하지 않는 개인적 성취와 도전에 대한 욕구를 달성하고자 했던 것이다. 힘든 코스가 나올 때마다 다음 도시에 먼저 가서 자전거 팀을 기다려야 하는 대원들에 대한 미안함도 있었지만, 배낭여행 팀을 따로 꾸려서 자유롭게 여행하라는 내 주장의 기저에는 어찌 보면 지극히 개인적인 욕망과 만리행을 바라보는 나의 가치관이 바탕을 이루고 있었던 것이다.

수현

'형, 도대체 왜 그래?'

나는 속으로 화가 나 있었다. 어떠한 일이 있어도 대장인 나를 응원하고 지지하겠다던 수현이 형은 항상 나의 결정에 대립되는 의견을 제시했다. 그리고

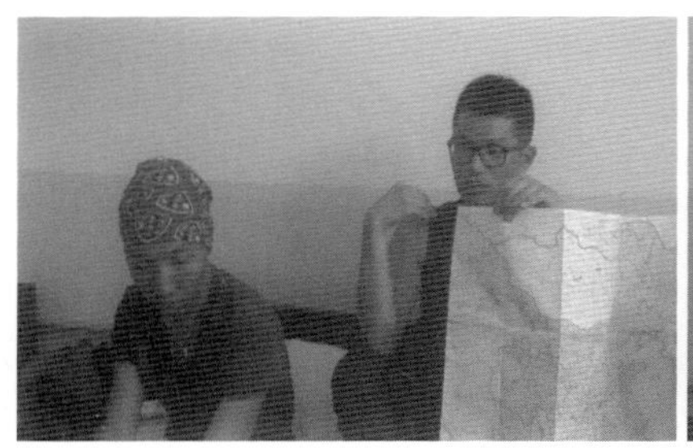

나보다 목소리가 더 컸다. 나는 첫 대장 경험이라, 상황파악능력과 판단력이 부족했기에, 대장 경험이 있었던 수현이 형의 의견을 듣고 받아들이는 경우가 많았다.

'나는 대장인가? 형의 말을 대신 전하는 동생인가?'

나의 역할에 혼란이 왔다. 이번 류위안 분리회의에서도 고집 센 둘의 갈등은 계속되었고 결국 수현이 형의 말대로 '분리'라는 선택을 대원들의 눈앞에 던져주고 의견을 들어보기로 했다. 긴장되었다. 대원들은 과연 어떠한 결정을 할 것인가? '분리' vs. '같이'.

앞으로는 어떠한 더 험한 길이 펼쳐질지 모른다는 것은 사실이다. 명준이는 눈물을 흘리며 "너무 죄송해요. 저 몸이 너무 안 좋은 것 같아요.", 지혁은 그 특유의 말투로 "저는 그날만 생각하고 있어요. 우리가 칭다오에서 현수막을 펼쳤던 것처럼 마지막 한국에 돌아가서 12명 다 같이 잘 다녀왔다고 현수막을 펼치는 순간을요.", 지수는 "저는 배낭여행할 줄 알았으면 처음부터 안 왔을 거예요. 이게 뭐야. 처음부터 데려오지 말던가."

새벽까지 계속된 회의에서 배낭여행을 택한 대원도 자전거를 택한 대원도 혼란스러워 선택을 하지 못하는 대원도 있었다. '같이'의 표가 많아질수록 속으로 안도의 한숨을 내쉬었다. 그리고 마지막 회윤이 형의 말을 듣고 눈물이 터졌다.

"같이하면 안 되나?"

엉엉 울었다. 정말 엉엉 울었다. 이런 걸 '카타르시스'라고 해야 하나?

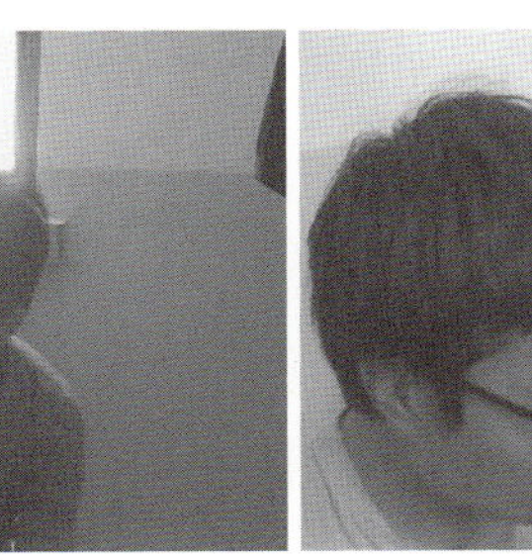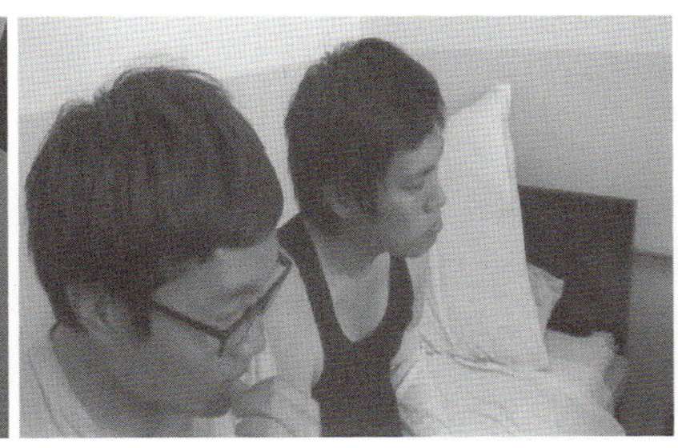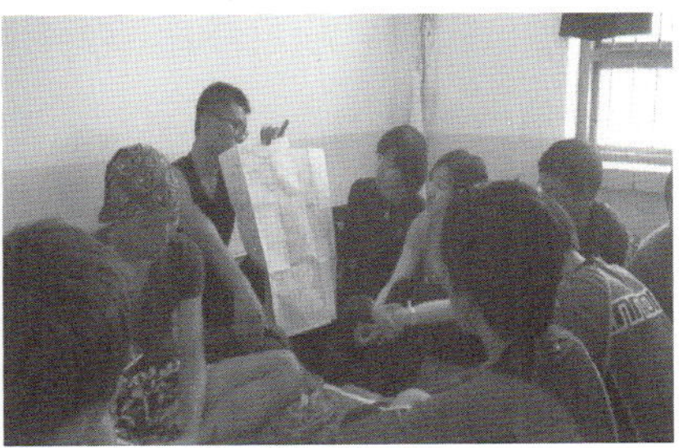

수현이 형의 의견을 이겼다는 통쾌감은 없었다. 그저 다행이라는 생각뿐이었다. 그리고 다짐했다. '나의 생각을 제대로 만들어 놓자.' 그때부터 나는 대원보다 하루 그리고 이틀 앞서 있으려고 노력했다. 모든 상황을 염두에 두고, 대원 하나하나가 어떤 느낌, 생각을 가지고 있을지까지 생각하고 메모하며 정리해두었다.

수현이 형은 어떠한 생각을 가졌을까? 패배감? 아니, 이 형은 이후에도 평소와 다르지 않게 계속해서 싸워 주었다. 최선의 의견을 내놓을 수 있도록 계속 싸워 주었다. 어쩌면 진정한 응원은 맹목적인 동조가 아닌 치열한 고민이 담긴 충직한 조언이 아닐까? 왕이 사슴을 가리켜 말이라고 할 때 "아니, 그건 말이 아니라 사슴이야"라고 목숨을 걸고 말할 수 있는 충신처럼 말이다. 아무튼 여행은 '같이' 할 수 있게 되었다. 종현

다음 날 아침이 되어 대장, 부대장 오빠들이 지난 밤 우리 12명의 생각을 다 듣고, 많은 고민을 한 끝에 '함께하는 것'이 가장 중요하다는 결론을 내렸다고 했다. 단, 종점을 '카슈가르'에서 '우루무치'로 변경하고, 자전거 주행 코스를 줄여 우리 모두 함께하는 것을 선택했다고 말이다.

주행 코스를 줄이다니 파격적인 결정이었다. 자전거 코스를 줄이는 쪽으로 결론을 내릴 줄은 기대도 안 했는데 많이 놀랐다. 비포장도로가 너무 길어 두 팀으로 나누어 가는 것이 불가피한 류위안에서 하미哈密, 합밀까지의 길만 자전거 팀, 기차 팀으로 나누어 가고 그 이후부터 여행이 끝나는 날까지 우리 12명

이 모두 함께 달릴 것이라고 하였다. 그리고 이러한 결정을 내리기까지 은혜 언니와 나의 이야기가 큰 도움이 되었다고 했다.

욕심 많은 오빠들이 많은 것을 포기하면서 힘들게 내린 결정이라는 것을 잘 알기에 고맙고 미안했다. 그렇기 때문에 앞으로는 중간에 차를 타고 가는 일 없이 열심히 자전거를 타야겠다고 다짐 또 다짐했다. 찢어지기 일보 직전까지 갔던 우리 팀이 다시 함께할 수 있게 되어 너무나 행복했다. 지수

류위안 회의 이후, 다시 둘러앉은 12명

우리 팀은 중국의 식사문화 때문에 원형 테이블에 둘러앉아 식사를 하는 경우가 많았다. 원형 테이블에 둘러앉으면 건너편과 바로 옆 사람은 물론 양옆으로 멀리 앉은 사람까지 모두의 얼굴을 바라보며 대화를 나눌 수 있다. 자연히 분위기는 부드러워지고 누구든지 자유롭게 말을 시작할 수도 있다. 그래서인지 여행 중 자연스럽게 '소통'할 수 있는 분위기가 많이 형성되었다. 지혁

별보다 많은 화물차 라이트: 싱싱샤

간쑤성과 신장위구르자치구의 경계에 있는 아주 작은 도시. 아니, 주유소 몇 개와 건물 몇 개 덩그러니 있는 마을이 바로 싱싱샤다. '성성협星星峽', 별이 가득한 협곡이라는 뜻이다.

싱싱샤의 모습은 우리가 상상했던 것과는 달리 정말 한적한 휴게소 같았다. 낮 기온이 35도 이상인 무더운 날씨에도 가게들은 에어컨은커녕 전기조차 제대로 공급되지 않는 낙후한 모습이었다. 도로에는 화물트럭이 늘어서 있고, 트럭 운전사들이 중간중간 쉬어가는 쉼터 정도랄까?

날씨 때문인지, 지역이 낙후해서인지는 모르겠지만 사람들도 은근히 배타적이고 신경질적이었다. 아름다운 이름과는 달리 실제로 우리가 본 싱싱샤는 결코 아름답지 않았다. 그저 한낮의 무더위를 피할 수 있었기에 우린 이곳에서 점심과 저녁식사를 해결하고 해가 질 때까지 쉬어가기로 했다. 성훈

싱싱샤에서 만난 **화물로드!**

동쪽에선 서쪽으로 차를 보내고, 서쪽에선 동쪽으로 양을 보낸다.

"이제 낙타는 화물트럭이, 행수는 운전기사가, 오아시스는 주유소가 대신한다."

류위안에서 싱싱샤를 향하여 달리는 이 길은 간쑤성과 신장위구르자치구를 잇는 주된 통로이기도 하다. 놀라운 것은 아직 도로공사가 한창인 이 길을 따라 정말 끊임없이 꼬리에 꼬리를 문 화물트럭이 오간다는 사실이다. 동쪽에서 서쪽으로는 자동차·전자제품 등의 기술력이 결합된 상품이 유입되고, 서쪽에서 동쪽으로는 석탄·석유 등의 천연자원을 비롯하여 가축과 농작물 등 신장 특산물이 유출되고 있었다.

우리는 낙타와 대상들 대신 화물차가, 오아시스 대신 주유소가 자리 잡고 있는 이 길을 과거 실크로드에 빗대어 '화물로드'라 칭하였다. 종현

싱싱샤에 들어가는 길은 제법 험했다. 바로 옆에는 화물차들이 모래먼지를 휘날리며 굴러가고 있었다. 우리는 그렇게 별이 잘 보이는 협곡 싱싱샤로 들어가게 되었다.

하지만 자연환경이 잘 보존된 시골마을일 거라고 생각한 것과 달리 마을 안은 하미로 가는 화물차들로 가득 차 있었다. 싱싱샤는 사실 별을 볼 수 있는 곳이 아니라 그냥 이름에 별이 들어 있는 것뿐이었다. 허탈함을 감출 수가 없었다.

심지어 인심도 안 좋았다. 음식을 주문하는데 더 비싼 걸 시키지 않으면 음식을 만들 수 없다는 것이다. 너무 더워서 싼 요리를 만들 힘은 없다는 것이다. 우리는 가까스로 음식을 주문해서 먹었다.

하미에서 기다리고 있을 대원들을 놀래 주려고 우리는 하미에 도착한 뒤에 대원들에게 연락하기로 했다. 모든 재앙은 여기서 시작되었다. 미친 듯이 달려 하미에 도착했을 때 이미 내 체력은 바닥이었다. 하미 시내로 들어가는 길은 또 왜 이렇게 긴지……. 무엇보다 가장 큰 문제는 우리가 머물 숙소가 확보되지 않았다는 것이다. 우리가 연락을 일부러 늦게 한 바람에 모든 숙소는 이미 가득 차 있는 상황이었고, 빈 방은 찾아볼 수 없었다. 늘 숙소를 즉석에서 잡는 우리에게 이런 가능성이 아예 없는 것은 아니었지만 이건 해도 너무했다. 정말 방이 단 하나도 없었다(나중에 알고 보니 하미에서 며칠 뒤 하미과축제가 열려 모든 숙소가 이미 관광객으로 차 있었던 것).

아주 힘든 상황일 때는 조금만 더 가면 쉴 곳이 있다는 희망이 큰 힘이 된다. 그런데 그게 없어졌으니 온몸에 힘이 빠지면서 정신력이 붕괴되기 시작했다. 그런데 정말 운 좋게도 우린 중국인 아저씨의 호의로 방 하나를 겨우 구할 수 있었고 땀과 먼지로 범벅된 남자 7명은 한 방에서 자게 되었다. 너무 피곤했기 때문에 씻지도 못하고 지쳐 쓰러져 잠이 들었다. 다음 날 하미에서 기다리고 있던 대원들과 다시 만났을 때는 그렇게 반가울 수가 없었다. 형근

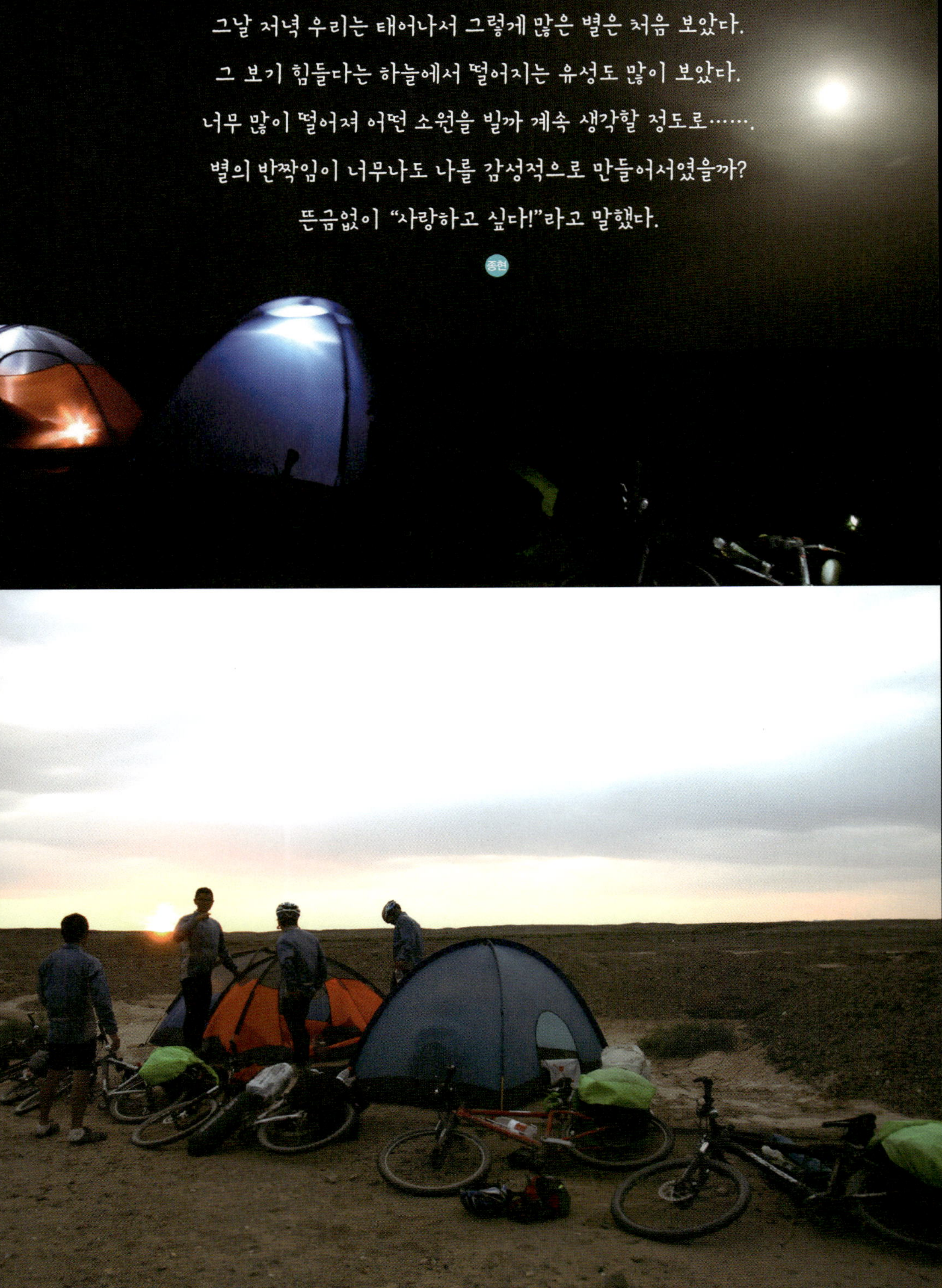

그날 저녁 우리는 태어나서 그렇게 많은 별은 처음 보았다.
그 보기 힘들다는 하늘에서 떨어지는 유성도 많이 보았다.
너무 많이 떨어져 어떤 소원을 빌까 계속 생각할 정도로……
별의 반짝임이 너무나도 나를 감성적으로 만들어서였을까?
뜬금없이 "사랑하고 싶다!"라고 말했다.
종현

고생, 고생, 생고생 그리고 아저씨: 하미

류위안에서 꿀맛 같은 휴식을 끝내고, 우리는 하미까지 자전거 팀과 기차 팀으로 분리되었다. 나는 기차 팀을 택했는데, 이는 야간주행과 비포장길 때문이었다. 난 비포장길이 너무 싫었고, 손목, 전립선의 위협이 두려웠다.

기차 팀은 자전거 분해 후 기차에 올랐다. 너무 무거워서 옮기던 도중 그만 다리가 찍혀 피가 철철 났다. 그렇게 겨우 기차에 올랐고 잉쭤에서 5시간 반을 버텨야 했다.

역시 중국인들은 약속시간을 매우 안 지킨다. 6시 40분 출발 예정 기차를 8시에 탔고, 11시 50분 예정 하차를 새벽 1시 50분에 했다. 내릴 때도 힘들었고, 내려서 자전거를 다시 조립하였는데 손이 기름 범벅이 되었다. 회윤이 형이 어렵사리 숙소를 구했지만 겨우 얻은 3인실 삔관에서 회윤이 형, 은혜 누나, 지수, 명준이, 나 5명이 자는 기이한 사태를 맞이하게 되었다. 지혁

하미로 향하는 **기차**에서

하미로 가는 기차 안에서 우리는 시안 부자 하미 아저씨 우꺼_{吳哥}, '우'씨 성의 형를 알게 되었다(사업에 성공한 시안 사람으로, 하미에 머물며 많은 도움을 주었기에 붙인 별칭, 이하 '하미 아저씨'). 아저씨와의 인연은 '버프'에서 시작되었다.

너무 피곤했던 우리는 이번 기차에서만큼은 중국인과 설전하지 않고 우리끼리 쉬면서 가기로 했다. 그런데 나를 제외하고 다들 창가에 붙어 앉게 되었고, 나는 한 중국인 아저씨와 마주 앉게 되었다.

건너편에 앉아 있던 이 아저씨는 손목 버프를 감싸고 있었다. 자전거 라이더가 아니고서야 저렇게 버프를 손목에 매고 다닐 리가 없다는 생각이 들어 말을 걸었다. 그렇게 우리의 인연이 시작됐다.

알고 보니 이 아저씨도 자전거 애호가란다. 종종 200km씩 산 아래를 돌곤 하는데, 지금 자신의 버프가 그때 쓰는 것이라고 한다. 이렇게 얘기를 나누던 사

하미의 인연, 哈密

이, 아까 전까지 중국어를 못한다고 했던 회윤 오빠는 하미의 정보를 얻기 위해 방언 터지듯 중국어로 얘기하기 시작했다.

하미 아저씨는 기차에서 내려 회윤 오빠와 함께 삔관 찾는 걸 도와줬다. 처음 봤지만 이렇게 늦은 밤에도 도와주는 심성은 중국인 공통인가 보다. 새벽 2시, 우리는 회윤 오빠가 삔관을 찾아나선 사이 분해했던 자전거를 다시 조립했다. 그런데 생각보다 쉽지 않았다. 12명이 같이 있을 땐 어떻게든 같이 수리하고, 또 베테랑들이 공구로 뚝딱뚝딱 하면 금방 고쳐졌는데, 우리끼리만 하려니 여간 어려운 것이 아니었다. 나는 또 헤어진 아쉬움에 깊은 한숨을 내쉬었다. 하지만 우리끼리라도 뭉쳐서 해내자는 의지로 결국 잘해냈다.

회윤 오빠는 정말 힘들게 방 하나를 얻었다. 땀범벅이 되어 돌아온 오빠. 정말 고생 많이 한 것이 한눈에 보였다. 평소에 이렇게 힘든 방 잡는 일을 성훈 오빠와 종현이가 매번 해왔다고 생각하니 괜히 미안해지고 고마웠다. 매번 그렇게 빨리 조건에 맞는 방을 찾아오느라 얼마나 고생했을지……

새벽 3시가 넘어 겨우 삔관에 들어가 짐을 풀었다. 땀도 나고 에어컨이 제대로 돌지 않아 몸이 끈적였다. 열악한 샤워실에서 대충 더러움만 벗겨냈다. 회윤 오빠와 내일 일정에 대해 얘기하고 잠을 청하니 이미 5시 반이 넘었다. 만사가 귀찮고 힘들다. 일단 내일을 위해 잠을 청한다. 은혜

여행의 묘미는 완벽한 지도 덕분에
매사가 계획대로 되는 데 있는 것이 아니라,
거친 약도 때문에 길을 잃고 헤매는 동안 생기는
뜻밖의 만남에 있다고 믿는다.

한비야의 『바람의 딸, 우리 땅에 서다』 중에서

하미에서의 **둘째 날, 친구**가 생기다

아침 일찍 하미 관광에 대한 계획을 짜고 있었다. 그때 우리가 묵고 있는 방에 전화벨이 울렸다. 1층 데스크에서 걸려온 전화였다. 뭐! '친구'가 찾아왔다고?

이곳 하미에 우리 5명 말고 '친구'가 누가 있지? 혹시 어제 기차에서 만난 시안에서 온 하미 아저씨? 정말 아저씨께서 친구분과 함께 우리가 묵고 있는 삔관에 오신 것이다. 우리에게 예쁜 노란색 버프를 선물해주려고 오신 아저씨에게 우리는 감동했다. 두 분은 우리 방에 들어오셔서 침대에 편하게 앉아 이야기를 나누었다.

이렇게 7명이 마주 보고 앉아 스스럼없이 이야기를 나누니, 아저씨가 말하신

대로 그 순간 우리는 '친구'였다. 자는 동안 불편한 것은 없었는지, 오늘은 무엇을 할 계획인지 등을 물어보시는 아저씨의 표정에서 우리에게 도움을 주고 싶다는 그 마음이 전달되어 가슴이 뭉클했다. 아저씨께서는 자신의 군인자격증을 보여주며 삶의 경험 이야기를 들려주었고, 우리는 시간 가는 줄 몰랐다.

그날 밤, 우리는 아저씨와 또 만났다. 아침부터 몸이 좋지 않았던 막내 명준이를 병원까지 데려다주고, 명준이가 치료받을 수 있도록 도와주었다. 기차에서 우연히 만난 한국 청년 5명에게 "우리는 친구"라며 친절과 애정을 무한히 베풀어 주셨던 아저씨, 작은 인연도 소중히 여기는 그 모습은 국경과 나이를 뛰어넘는 우정을 태어나서 처음 체험하게 해주었고, 내 마음속에 중국인에 대한 인상 자체를 크게 바꾸는 계기가 되었다. 지수

하미 아저씨

편의상 '하미 아저씨'라 부른다. 하미 아저씨는 나의 생명의 은인이다. 우연히 같은 열차 안에서 보게 된 그는 자전거 여행에 지대한 관심을 보였다. 중국어를 할 줄 몰랐던 나는 대화에 참여하기보다는 대화의 분위기를 살피면서 실실 웃고만 있었다.

그런데 계속해서 속이 안 좋았다. 배가 아프고, 토할 것 같았다. 회윤이 형한테 마사지는 받았지만 계속 아팠다. 옆에서 물끄러미 바라보던 하미 아저씨는 더위 먹은 거 같다며 병원으로 가봐야 할 것 같다고 하셨다. 하미에 도착해 쉬고 있었는데 하미 아저씨가 오셔서 나를 직접 병원까지 데려다주셨다. 과도한 친절에 감사함도 느꼈지만 경계심도 놓지 않았다. 링거를 세 병이나 맞으면서 생각했다.

칭하이호 때의 공안 아저씨도 이유 없이 처음 보는 우리에게 선뜻 자신의 시간과 도움을 내어주었는데, 나는 그 저의를 의심했다. 그러나 이러한 생각을 한 자체가 부끄러울 만큼 그들은 순수하게 우리를 위해 주었다. 흠, 이게 바로 중국인

들의 '꽌시_{인간관계}'인가?

마지막 날, 하미 아저씨와 함께한 환영회 때도 나는 계속 아파 참석하지 못했지만 아직까지 그 감사함은 잊지 않고 있다. 기회만 된다면 하미 아저씨랑 같이 하미과라도 나누고 싶다. 명준

하미에서 팀원들을 다시 만나 이야기를 들어보니, 중국인에게 도움을 많이 받았다고 한다. 전에 황위안에서도 중국 공안 아저씨에게 도움을 많이 받았는데 이번에도 새로운 인연을 만난 것이다. 저녁식사를 함께했는데 하미 아저씨는 시안에 사는 인민해방군 장교 출신으로, 광산업을 하는 사업가라고 했다. 목소리도 자신감이 있고, 이야기를 하는 데 있어서도 합리적인 사고를 하고 있다고 느껴졌으며 중국에 대한 자부심이 묻어났다.

저녁을 먹으며 우리의 소소한 이야기부터 중국과 한국의 세계화에 이르기까지 즐겁고 심도 있는 대화로 화기애애한 시간을 갖고 만남은 마무리되었다. 재두

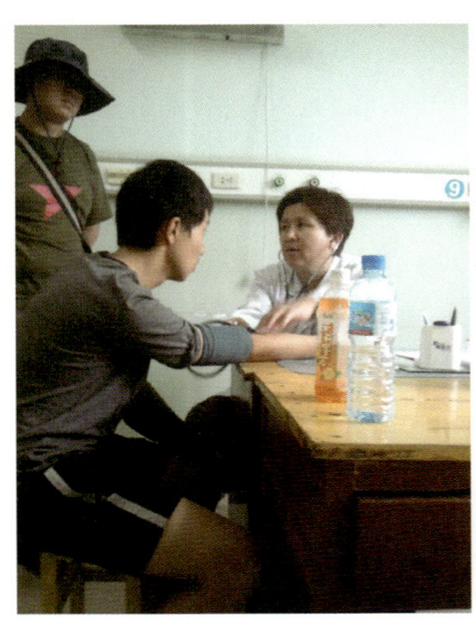

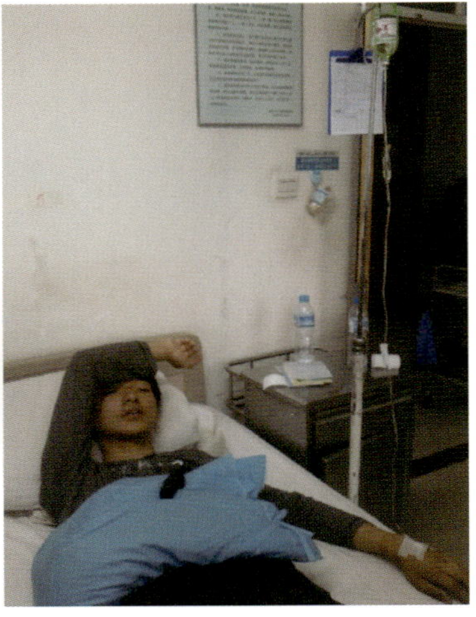

그날 저녁식사는 '우정'이라는 양념을 곁들였기 때문에

중국에서 먹었던 그 어떤 식사보다 맛있고, 행복했다.

그 자리에는 '중국'과 '한국'이라는 국경은

보이지도, 느껴지지도 않았다.

기차에서 잠시 옆자리에 앉았던 그는

이제 우리와 '친구'가 되었고,

이후 우리의 자전거 여행 종착지인 우루무치에서도

다시 한 번 만나게 된 신기한 인연이었다.

그는 나에게 소중한 한 가지를 깨닫게 해주었다.

여행은 '떠남'이 아니라

'만남'이라는 것을······.

我的朋友, 하미 아저씨!

하미과의 본고장 '하미(哈密)'

천산산맥의 동단에 위치한 하미는 고비사막과 타림분지를 연결하는 교통상의 요지에 발달했던 상업 및 군사도시이다. 하미과의 이름이 유래한 지역으로도 유명한 이곳은, 소그드인이라 불렸던 이란계 상인들의 활동무대가 되기도 하였으며, 튀르크계 유목민들이 타림분지로 들어서는 길목이 되기도 하였다.

옛날에는 이우(伊吾)라고 불렸고, 지역 특성상 이곳의 주인 역시 여러 번 바뀌었다. 청나라 건륭제가 1757년 중가르 지방을 정복했을 때, 이곳을 청나라의 군사기지로 삼았던 인연으로 이후 이곳에는 회족의 토속정권이 성립되었고, 이후 청이 멸망할 때까지 청의 변방속국으로 남았다.

이 오아시스 도시를 벗어나면 척박한 고비사막이 사방에 펼쳐진다. 그러나 하미에서 동북쪽, 즉 천산산맥으로 들어서면 삼림이 울창하고, 더 북쪽으로 나아가 산맥을 넘어서면 끝없이 푸른 초원이 펼쳐진다. 우리는 이제 하미의 동북쪽, 바로 이 천산을 넘어 바리쿤 초원을 향해 나아갈 것이다. 수현

하미회왕부(哈密回王府)

천산산맥의 동단부 남쪽 기슭에 있는 오아시스 도시 하미는, 중국 간쑤성과 과거 서역, 신장위구르자치구의 경계해 위치에 있다. 과거 서역인과 중국인 간의 충돌 및 융합이 빈번한 곳이었을 것이다. 이 지역을 중국, 청나라가 지배했을 당시(17세기 무렵), 청은 이슬람지역이었던 하미를 효과적으로 통치하기 위해, 회족(이슬람) 왕을 임명하였다. 17세기부터 200여 년간, 9대에 걸쳐 하미는 회족 왕에 의해 통치되었다. 그 회족 왕의 궁궐이 바로, 하미회왕부이다.

특이하게도 하미회왕부는 중국전통양식(불교)+이슬람양식+몽고양식, 3개의 양식이 합쳐진 것으로서 전혀 새로운 양식이 아니었다. 각각의 고유한 것들을, 그대로 보존함과 동시에 한곳에 두어, "마치 누구든지 와도 상관없다"라고 배짱 있게 말하는 것 같았다.

우린 하미에서 우루무치烏魯木齊, 오로목제까지는 무슨 일이 있어도 헤어지지 말고, 끝까지 함께하기로 했다. 사막길을 포기하고, 초원길을 택했기에, 날씨는 아마 선선하고 좋아질 것이었다. 하지만 가보지 않은 길은 아직 모르는 법. 이곳에서 소원을 빌었다. 나는 특정 종교가 없는 사람이다. 그래서 신에게 의지한다거나, 기도하는 것을 어색해한다. 하지만 이곳에서는 이슬람 코란이든, 불교 경전이든, 몽골족의 샤머니즘이든 상관없었다. 그저 '바라는 게 있으면 얘기해 봐, 누구든 들어줄 테니까'라고 말하는 것 같았다. 나는 그곳에서 넙죽 절을 하고, "제발 헤어지지 않게 해주세요!" 하고 외쳤다. 종현

하미를 떠나기가 왜 이리 힘든 건지

하미에서 디지털카메라를 잃어버렸다. 백방으로 찾아보았지만 이미 누군가가 가져간 뒤, 어디서도 카메라는 다시 볼 수 없었다. 우리의 멋진 사진이 가득 들어

있던 카메라를 뒤로한 채, 이제는 하미를 떠날 시간이다.

그런데 체인에서 아까부터 이상한 소리가 나더니 결국엔 문제가 발생했다. 기어가 부러진 것이다. 주행하기 좋은 구름 낀 날씨를 뒤로하고 결국 나는 하미로 다시 돌아갔다. 하미, 우리를 곱게 보내주지 않는다.

수현이와 트럭을 잡아 하미 시내로 돌아갔다. 중국인들은 원래 이렇게 친절한 것인가? 또 은인을 만났다. 트럭은 엠블럼도 없고 그냥 남는 부품을 조립해서 만든 듯 자동차의 기능만 수행하게 생겼다. 어쨌거나 잘 달리면 다행인 거다. 수현이는 지금 이 어이없는 순간을 캠코더로 찍고 있었다. 나를 인터뷰하는데, 기가 막혀서 할 말이 생각나질 않는다.

이날은 내 주행 원정 중 처음으로 포기하고 싶은 날이 되었다. 하미 시내에서 자전거를 고친 후 열심히 달렸지만 가도 가도 끝이 없었다. 어느샌가 구름은 걷히고 땡볕이 계속되었다. 더위 때문인지 한동안은 아무 생각 없이 앞만 보며 달리고 있었다. 지금도 그때 무슨 생각을 하며 달렸는지 기억이 나질 않는다. 아마 일사병 때문인 듯하다. 앞으로 계속 가는데, 머릿속 컨트롤러가 망가진 듯했다.

'10km만 더'라는 목표로 달렸다. 몸이 물을 필요로 했다. 물을 뿌리고 싶었다. 모래언덕 위에 쉬고 있는데, 어디서 쉬이익 하는 소리가 났다. 호스로 물이 뿜어져 나오는 소리였다. 소리가 나는 곳을 찾아보니 수풀이 무성했다. 물이 있기에 수풀이 우거져 있을 것이라는 확신이 들었다. 찾았다! 사막 속의 녹지 보존을 위해 설치한 물호스였다.

앞뒤 잴 생각 없이 세수하기에 바빴다. 수현이도 와서 물을 뿌려달라고 했다. 이 물로 세수도 하고 몸에도 뿌리고 한결 살 것 같았다. 정말 더도 말고 덜도 말고 이런 호스가 5km에 한 개씩만 있어도 좋겠다. 그러면 정말 계속 힘차게 나아갈 수 있을 텐데……

몇 km를 달렸을까? 1km마다 서 있는 비석이 너무나 멀게만 느껴졌다. 다리에 힘이 들어가지 않았다. 페달링을 제대로 하고 있는 건지조차 모를 만큼 속도가 현저히 떨어졌다. 엉덩이도 아팠다. 정신은 희미해지고 무인지의 상태가 계속되었다. 도저히 더 갈 수 없다고 느껴졌다. 잠시라도 태양을 피해야겠다는 생각이 저절로 들었다. 이렇게 계속 가다간 정말 말라죽을 것 같았다. 자전거를 땅바닥에 내동댕이침과 동시에 쓰러져 버렸다. 그렇게 또 기억 없는 시간이 흘렀다.

한참을 쉰 것 같은데 어디선가 말소리가 들렸다. 수현이다. 쉬었다 다시 자전거를 탈 수 있는지, 아니면 차를 잡는 것이 좋을지를 물어보았다. 나는 조금만 더 쉬고 같이 가자고 하고는 계속 쓰러진 채 쉬었다.

시간이 흐르고 수현이가 다시 물어봤다. 이번엔 나도 나 자신에게 물어보았다. 그러나 답은 NO! 이미 쉬어서 회복될 상태는 지나갔다. 땡볕 아래 쉬고 또 쉬어봤자 컨디션은 빤했다. 다 필요 없고, 그냥 죽을 것 같았다. 차를 타기로 했다. 절대 차를 타지 않겠다던 나의 신념은 생존위협 앞에 무너졌다.

남자 둘이 탄 차를 잡게 되었다. 수현이도 같이 갈 줄 알았는데 수현이는 자전거로 오겠다고 했다. 남자 둘에 나 혼자라……. 순간 불안했고, 수현이 걱정도 됐다. 하지만 더 생각할 새가 없었다. 도저히 자전거는 탈 수 없었고, 시원한 에어컨과 그늘이 있는 차 안에 얼른 몸을 실었다.

차를 타고 오는 내내 정신을 차리려 애썼다. 혹시라도 잘못되면 바로 뛰어내리라는 수현이 말이 떠올랐다. 그리고 그 팍팍한 황무지 길을 혼자 달려올 수현이 생각에 마음은 자꾸 뒤로 처지는 것 같았다. 혼자 시원하게 가는 이 몸이 너무 미안했다.

아저씨들이 자꾸 말을 걸었다. 힘들어 죽겠는데 말을 걸어서 제대로 대답을 못했다. 차 안에 있는 물을 마셔도 된다기에 물을 마시고 좀 정신을 차렸다. 완전 늘어진 오징어처럼 뒷좌석에 그만 뻗어버렸다. 얘기를 조금 해본 아저씨들은 다행히 나쁜 사람들 같지는 않았다. 우리 팀이 보였다. 다들 쉬고 있었다.

"아저씨, 세워주세요! 제 친구들이에요!"

우리 팀을 보니 살 것 같았다. 기적적으로 이런 산속에 매점이 있었다. 게다가 매점에 서 있는 많은 트럭 중에 수박차도 있었다! 내가 그렇게 마음속으로 바라던 수박! '수현이가 있다면 좋을 텐데, 아니면 적어도 앞으로 몇 km만 더 달리면 매점이 있다는 사실만이라도 알려줄 수 있다면 좋을 텐데……' 하는 마음이 들던 찰나, "수현이 형이다!"라는 외침이 들렸다. 돌아보니 빨간 바지의 수현이가 정말 거기 있었다.

알고 보니 수현이는 나를 그 차에 태워놓고 엄청난 후회와 걱정이 밀려와 놀라운 속도로 나를 쫓아온 것이었다. 종현이 말로는 수현이가 울었다는데 괜히 미안해졌다. 은혜

아름다운 초원길 라이딩과 대자연에서의 하룻밤: 천산

천산에서의 저녁놀을 보며 우리는 텐트를 쳤다. 생각해 보니 12명이 다 함께 하는 야영은 이게 처음이자 마지막이었다. 이걸 놓쳤으면 어쩔 뻔했나 싶다.

산이라 그런지 해는 무서운 속도로 졌고 금세 캄캄한 밤이 되었다. 저녁은 정체 모를 위구르 라면과 낭(화덕에 구운 빵). 커다란 돌조각을 모으고 몸을 이용해 바람 속에 불을 지켰다. 그렇게 라면을 끓이는 사이, 종현이가 어디 갔나 했더니 나무젓가락을 만들고 있었다. 산속의 나뭇가지를 모아서 만든 진짜 '나무젓가락'을 깎고 있었다.

우린 엄청난 야생 능력자 종현 대장 덕분에 진짜 나무젓가락으로 천산에서

위구르 라면을 먹을 수 있었다. 흙과 꿀을 같이 묻힌 낭은 덤이다.

드디어 잘 시간, 자려고 텐트에 들어갔다가 밤하늘이 어떤가 궁금해 텐트 밖으로 고개를 쏙 내밀어 봤다. 오.마이.갓. 세상에서 제일 아름다운 산속의 밤하늘이 펼쳐져 있었다. 엄청나게 반짝이는 별들이 쏟아질 듯 까만 하늘에 알알이 박혀 있었다.

지수와 나는 한동안을 바보들처럼 '아~' 하고 입을 벌린 채 별밤을 만끽했다. 내가 봐온 어떤 별밤보다도 아름다운 밤이었다. 별빛을 담을 수 있는 카메라가 없어 우리는 대신 두 눈에 가득 담기로 했다. 그리고 달콤한 잠을 청했다. 은혜

바이스터우 마을에서 **달콤한 휴식**을 취하다

　아무에게도 알리지 않고 나만의 비밀휴양지로 삼고 싶은 곳. 바로 천산의 바이스터우_{白石頭}, 백석두 마을의 산장이다. 빨간 몽고바오_{게르, 몽골족의 전통 가옥} 형태의 숙소를 제공하는 일월산장과 푸른 숲을 등지고 있는 산장 몇몇이 그림처럼 자리하고 있다. 중국에 이런 곳이 있었나 싶을 만큼 멋진 자연 풍광을 뽐내는 이곳은 작은 스위스라는 별명을 지닌 곳이기도 하다. 왼편의 산에는 북유럽에서나 볼 법한 침엽수림이 빽빽하게 이어지고, 오른편으로는 끝이 보이지 않는 대초원이 펼쳐진 곳.

　산장 흔들의자에 앉아서 인공의 소리와 물질이 하나도 첨가되지 않은 순수한 자연 바람을 귀로 듣고 살갗으로 맞다 보니 나도 모르게 어느새 잠이 스르르 들어버렸다. 푸른 하늘과 몽골까지 이어지는 대초원 속에 나 자신만이 존재하는 느낌을 오롯이 만끽했다.

일월산장에서의 1박 2일. 저녁을 먹고 자유시간이 주어졌다. 아까 보니 저 밑으로 조금만 내려가면 소를 직접 가까이서 볼 수 있는 것 같았다. 재두 오빠 카메라를 빌려서 잠시 소와 뒤편으로 보이는 초원을 찍으러 갔다. 그런데 이게 웬걸! 뒤로 가보니 소는 없고, 저 멀리 또 다른 세상이 있을 것만 같은 언덕이 보였다. 서서히 발걸음을 옮기다 보니 어느새 그 언덕에 가 있었다. 생각보다 몽고바오에서 멀어진 것 같아, 다시 돌아가서 얘기하고 올까 했지만 아직 해가 떠 있고, 여기서 저기까지 다시 갔다 돌아오면 시간이 더 지체될 것 같아 빨리 돌아오기로 하고 발걸음을 재촉했다.

　그 언덕에서 만난 두 카자흐스탄족 아이들과 할아버지는 자연인 그 자체였다. 할아버지는 우리가 묵는 인조 몽고바오가 아닌, 진짜 몽고바오에서 손자 둘과 함께 살고 있었다. 아이들에게 평소 어디에서 노냐고 물어보니 저 뒤편에 자주 노는 곳이 있다며 나를 인도했다. 큰 아이가 나를 데려간 곳에는 새로운 세상이 펼쳐져 있었다. 환상적인 초원과 저 멀리 자연 방목한 소와 말, 앞의 시야는 탁 트여서 바다와 같이 끝없이 이어지는 대평원의 연속이었다. 걸어갈수록 숙소에서 멀어져 불안한 마음 반, 이걸 혼자 보아서 아쉬운 마음 반이었다. 전화로 연락이라도 할 수 있으면 모두 데리고 와서 같이 보고 싶은 그런 멋진 풍경이었다. 살면서 한 번 볼까 말까 한 그런 경치였다.

　재두 오빠에게 빌려온 카메라로 셔터를 눌러대기 시작한다. 그런데 사진이 영 마음에 들지 않는다. 내가 DSLR을 쓸 줄 몰라서인지 몰라도 내 눈앞의 멋진 풍경이 카메라에는 너무 어둡고 작게만 나온다. 이리저리 눌러 봐도 마찬가지다. 하아…… 어쩔 수 없다. 그래, 지금 내 눈앞에 보이는 이 광활한 대지를 이 작은 카메라에 담는다는 건 당연히 버거운 일인지도 모르겠다. 사람의 눈이 가장 좋은 렌즈라고 했던가? 지금 내 눈으로 가득 담아가자. 최대한 기억하고 마음에 이 그림을 남기자.

좀 더 걸어가니 또 다른 기이한 풍경이 펼쳐지고 있었다. 수천 마리의 양과 산염소가 떼를 지어 풀을 뜯고, 수풀은 우거지고, 나무는 제멋대로 나 있으며, 땅에는 맑은 샘물이 졸졸 흐른다.

마침 해가 서서히 지며 태양이 마지막 빛을 발산하기 시작했다. 햇살은 자연 그대로 나 있는 나무들과 스러져 있는 나무들 사이로 길게 뻗어 나오고, 무성한 풀밭 위로 숲이 우거져 있으며, 수천 마리의 양과 염소 떼는 사람이 있는 지조차 신경 쓰지 않고 유유히 풀만 뜯고 있다. 내가 마치 C. S. Lewis나 J. K. Rowling의 판타지 소설 속에 들어와 있는 듯한 묘한 기분이 들었다.

내 귀에 들리는 건 오직 세 가지 소리. 대지의 바람소리, 양과 염소 떼가 나누는 이야기, 풀 뜯어 먹는 소리. 양이 풀 뜯는 소리를 들어봤는가? 정말 열심히 뜯어 먹는다. 말 그대로 뜯어 먹는다는 표현이 맞다. 정말 풀이 뚝뚝 뽑히는 소리, 냠냠 씹어 먹는 소리가 선명하게 귓구멍에 들어오니, 생명의 놀라움이란 이런 것인가 싶다.

　이 숲을 지나 오른편을 보니 커다란 능선이 보였다. 저 멀리 몽고바오가 하나 보이는데, 이 카자흐스탄 소년의 삼촌 집이라고 한다. 몽고바오 옆에 트럭이 한 대 있는 걸 빼고, 이곳은 자연 그 자체이다. 저 멀리 저 끝까지도 대평원은 계속 이어져 있다. 저 위로 계속 가면 몽골이라고 했다. 아마 몽골에 갔다 온 사람들이 말하는 초원, 평원이란 게 이런 거겠구나 싶었다. 나는 이곳을 그냥 평원이 아닌 대평원이라 부르고 싶다. 그래야만 이 위엄 있는 광활한 대지를 겨우 나타낼 수 있기 때문이다.

　어쨌든 이 모습을 모두에게 보여주고 싶어서 셔터를 눌렀지만 역시나 역부족이었다. 그저 저기 저무는 찬란한 햇살을 있는 그대로 받아주는 대평원의 위엄은 내 마음속에만 담을 수 있었다. 은혜

자연을 품은 눈동자

카자흐스탄족 아이의 눈은 자연을 품고 있었다.

이 작은 눈 속에 세 가지 빛깔이 고루 섞여 있는 게 신기했다.

붉은 태양, 초원의 신록 그리고 자연 그대로의 사물들이 가지는

짙은 회색의 테두리.

그런 생각을 해 보았다.

우리가 바라보는 세상에 따라 눈동자가 담는 빛깔도 달라지는 것이 아닐까?

문명이라는 잿빛 세상 속에서 하루 종일 컴퓨터와

스마트폰에만 중독된 우리의 눈.

생각 없이 쫓기는 대로 움직이는 안구 활동이

우리의 눈을 더욱 동태눈깔로 만들고만 있는 것 같다.

초점 하나 없이 흐리멍덩하게 변해가는 나의 눈…….

반면 아이의 눈은 구슬같이 빛나고 있었다.

이 아이의 눈동자가 보는 세상은 태양의 눈부심과 초원의 푸르름,

자연 있는 그대로의 모든 날 것들이다.

그래서일까, 이 아이의 눈 속에는 자연이 담겨 있었다.

맑고 빛나는 자연의 빛.

아무래도 내가 생각한 이론이 맞는가 보다.

마음이 아프다.

나도 빛나는 눈동자를 다시 되찾고 싶다.

은혜

자연을 몰래 보다

내 눈앞에는 자연 그대로가 펼쳐져 있었다.

말도, 발걸음도, 숨소리조차도 낼 수가 없었다.

한 걸음만 내디뎌도 저들이 놀라서 금세 도망갈 것만 같았다.

이 평화로움을 깨고 싶지 않았다.

자연 그대로를 보기 위해

자연을 몰래 훔쳐보았다.

나의 존재를 그들이 알 수 없도록

숨죽이고 조심히 다가가 보았다.

더 이상 다가가지 않았다.

가까이 가겠다는 이기심 때문에

자연의 평화를 깨는 것은 어리석은 일

그저 나는 자연의 놀라움에 소리 없는 경탄을 내지를 뿐이다.

은혜

　　이번 여정에서 터닝포인트(전환점)가 몇 군데 있었는데, 이 길은 그 전환점 중 하나였다.

　　힘들게 산을 넘어 일월산장에서 내려온 우리는 평화를 넘어선 고요함 속에서 달렸다. 옆으로는 보기만 해도 시원해지는 설산과 넓은 초원이 있었다. 어쩌다 역풍을 만나 대원들 간의 거리가 조금 벌어졌을 때 이 세상에 나만 존재

하는 듯한 느낌을 받았다. 그때, 외로움보다는 행복감이 먼저 밀려 왔다.

혼자 있는 것이 좋다는 것이 아니다. 그저 아무도 없는 그 고요한 풍경 속에서 평화를 찾았기 때문이다. 가끔 가다 보이는 농부와 당나귀는 내가 혼자가 아니란 것을 상기시키면서 평화로운 배경을 한층 더 운치 있게 만들어 주었다.

이곳을 몰랐더라면 내 내면의 평화는 좀 더 늦게 찾아왔을지도 모른다. 명준

303 省道
118

　길 가다가 만난 작은 식당, 상점 등에서 장사하고 사는 사람들은 어떤 꿈이 있을까? 무슨 낙으로 사는 걸까? 그런데 그 말은 마치 나에게 묻는 것 같았다. 나는 무슨 꿈을 가지고 사는가, 하루하루 의미 없이 흘려보내고 있는 건 아닌가, 앞으로 어떤 목표를 가지고 살아가야 할까? 어릴 때 가졌던 꿈이나 미래에 대한 생각이 점점 흐려져 그냥 살아가고 있다. 탁 트인 지평선을 따라 멋진 풍경들이 계속되었지만 내 마음은 답답했다. 친우

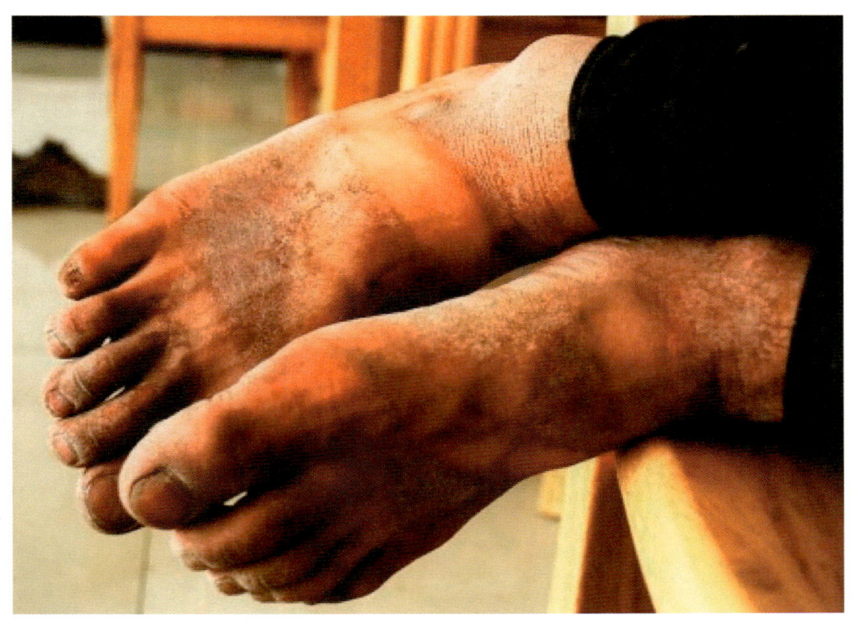

발레리나 강수진 발을 찍은 사진이 화제가 되었던 적이 있다.

감히 그에 비할 바는 못 되지만

또한 누군가의 시선에는 그저 더러운 발이겠지만

55일간 누구보다 앞장서 우리 11명 대원을 이끌고 간 '우리 대장'의 발이다.

작은 마을 바리쿤, 싸얼차오커, 천산 넘기

이곳 바리쿤巴里坤, 파리곤에서 은혜가 갑자기 생리통을 호소했다. 회복을 위해 은혜와 몇 명을 두고 먼저 떠날 것이냐, 기다렸다가 함께 갈 것이냐 의견이 분분했다. 남자들은 전 이틀간 주행거리도 짧았던 데다 푹 쉬었으니 얼마 남지 않은 우루무치로 하루빨리 가고 싶어 했다. 마치 행군하는 군인들이 행군의 끝에서 발걸음이 빨라지듯 우리의 마음도 여행의 막바지에 조급해졌다.

하지만 대장 팀의 함께 간다는 결정에 우리는 계획에 없던 하루치 휴가를 얻었다. 평소 같으면 좋아했을 일이지만 아무것도 할 것 없는 바리쿤에서는 그 하루가 막막하고 불안하기만 했다. 그저 멍하니 해바라기씨를 까먹거나 침대를 뒹굴거릴 뿐이었다. 여행을 통해 우리는 모두 하루 종일 무언가를 해야만 하는 데 익숙해졌던 것이다.

의도치 않게 주어진 24시간의 자유는 각자로 하여금 자연스럽게 사색에 잠기게 했다. 각자 어떤 생각으로 이 길을 달려왔으며 무엇을 얻을 것인지 생각했다. 그러다 어느새 이 길을 누구와 함께 달려왔는가에 생각이 미쳤다. 동행同行 그리고 동료同僚. 우리는 각자 다른 생각을 가지고 다른 목적을 향해 실크로드를 달리고 있다. 하지만 그 와중에 서로 함께, 같은 길을 달리고 있었다. 같을 동同. 우리는 글자 그대로 닮아갔다. 다만 빡빡한 일정과 지친 몸과 마음, 조급함 때문에 서로에게 어깨를 빌려주는 데 인색해졌다. 조그마한 문제에 쉽게 부딪히고, 상처받았다. 앞을 보기에 급급해 뒤를 돌아보지 못했고, 함께 가자던 약속은 까맣게 잊은 채 나의 여행, 나의 일정, 나의 목적이 더욱 중요해졌다.

여행의 막바지에 늦은 깨달음을 준 한량閑良의 시간. 가끔은 이렇게 여유로운 시간을 통해 주변을 돌볼 필요가 있을 것 같다. 화윤

바리쿤에서의 첫 아침, 밥을 먹으러 들어간 식당에서 바쁜 아버지를 도와 주문을 받고 음식을 나르는 남매를 보았다. 고사리 같은 손으로 뜨거운 죽을 나르고 재빨리 귀에 손을 가져다 대는 소년, 주방에서 밀대로 밀가루 반죽을 굴리던 사슴 같은 눈망울의 소녀. 부모님을 도와드리는 그 남매의 모습이 천사같이 예뻤다. 남매가 가져다 준 흰 죽과 만두는 지금까지 중국에 와서 먹었던 죽과 만두 중에서 가장 맛있었다.

종현 오빠에게 "한궈꺼거한국오빠~"라고 외치며 따라다니던 귀여운 꼬마 싱싱이와 사촌언니 안나. 예상치 못하게 바리쿤에서 하루를 더 머무르게 되어 이 모든 아이들과 친해졌는데 헤어지는 순간이 다가오니 정말 아쉬웠다. 떠나기 전날 밤에 은혜 언니와 나는 아이들과 만나 이야기를 나누고 아이들에게 편지를 써주었다. '한국'이라는 나라를 처음 들어본다는 아이들은 우리가 적고 있는 한 글자, 한 글자를 신기하게 바라보고 있는데 그 모습을 보니 이상하게 눈물이 났다. 그 순수한 얼굴들을 오늘이 지나면 다시는 못 볼 거라고 생각하니 눈물을 주체할 수 없었다.

"왜 울어?"

"이 아이들을 죽을 때까지 다시 볼 수 없을 거라고 생각하니 눈물이 나요."

"죽을 때까지? 네가 그렇게 말하니까, 그렇네……."

"나는 서울에서 살아가고, 이 아이들은 이곳에서 살아가고…… 그렇게 자기의 인생을 살아가는 거겠죠? 다시는 못 본 채……."

"다시 볼 날이 있을 거라 생각하고 각자의 삶에 충실하면 되는 거야."

그래서 정이라는 게 무섭고, 이별이라는 게 무섭다. '만남'은 늘 '헤어짐'을 전제하고 있기에 새로운 만남은 망설여지고, 정이 든다는 것이 두려울 때가 있다. 나는 사람에게서의 '이끌림'을 믿는다. 나를 스쳐 지나가는 수많은 사람들이 있지만, 내 마음에 큰 울림을 주고, 행복을 주고, 아쉬움을 주는 어느 한 사람은 평생토록 잊을 수가 없다. 바보같이 눈물이 멈출 생각을 안 하고 흐르는데 안나와 메이옌이 닦아주었다. 닦아주니까 눈물이 더 흘렀다. 안나도 울고 나도 울고. 강해

보이던 메이옌도 마지막엔 눈물을 글썽였다. 안나와 메이옌을 꼭 안아주었다. 행복하고 건강한 예쁜 숙녀로 자랐으면 좋겠다. 그리고 지금 너희의 모습이 얼마나 아름다운지 꼭 알았으면 좋겠다.

언제나 고개를 들면 근엄한 산이 높이 서 있는 것을 볼 수 있는 평화로운 마을 바리쿤, 잊을 수 없을 거야. 아이들아, 안녕! 지수

여행은 언젠가 그곳을

꼭 한 번만이라도 다시 밟을 수 있으리란 기대를 키우는 일이며,

만에 하나 그렇게 되지 못한다 해도

그때 기억만으로 눈이 매워지는 일이다.

이병률의 『끌림』 중에서

　세월이 흘러 변치 않는 건 없다지만 변치 않으려 노력한 인고의 흔적이 곳곳에서 느껴지는 이 이름 모를 건축물을 보며, 훗날 우리 모두 나이가 들어 人生의 많은 풍파를 겪어 나갈 때, 우리가 여행하던 당시의 그 순수했던 마음과 열정만큼은 변치 않아 저 건축물이 선사하는 한 줌의 그늘처럼 마음속의 위로가 되기를 기도해 본다. 수현

바리쿤에서 무레이로 가는 길. 예상 외로 역풍이 너무 심하다. 만리행 여행 오기 전, 나는 어떤 분이 만리행 여행을 계획할 때 바람의 방향까지 계산하여 계획을 짠다고 들었다. 속으로 의아한 생각이 들었다. 배도 아니고 자전거에 돛이 달린 것도 아니고 바람까지 그렇게 고려할 필요가 있나 하는 생각이 들었다. 하지만 실로 느낀 바람의 위력은 대단했다. 역풍이 극적으로 심해지자 우리는 시속 5km로 달렸다. 이건 거의 걷는 수준이다. 달린다는 표현이 아깝다. 결국 진짜 우리는 자전거에서 내려 걸어서 앞으로 나아갔다. 자전거 여행이 도보 여행으로 바뀌는 순간이었다. 도저히 이런 식으로는 나아갈 수가 없었다. 이곳에선 야영도 못한다. 텐트고 자전거고 다 날아갈 판이다. 결국 '2보 전진을 위한 1보 후퇴'라는 아름다운 이름의 작전을 실행한다.

우리는 지도에 없는 '싸얼차오커 萨尔乔克, 살이교극'라는 읽기도 힘든 작은 마을에 머물기로 했다. 방향을 반대로 바꾸어 가는데 페달을 밟지 않아도 시속 30km는 기본, 최고 50km도 넘는다. 역풍이 순풍으로 바뀐 덕에 우리는 엄청난 속도로 싸얼차오커에 당도하였다. 싸얼차오커는 중국의 소수민족인 하사커족*이 모여 사는 마을이었다. 이곳에 들어서는 순간 '아! 이곳에는 우리가 머물 만한 곳이 없겠구나' 하는 생각이 직감적으로 들었다. 그런데 하늘이 무너져도 솟아날 구멍은 있다고 어쨌든 우리는 머물 곳을 구할 수 있었다. 형근

하사커족

카자흐 · 코자크 족이라고도 하는데, 구소련에 있던 카자흐스탄이 바로 이들이 세운 나라이다. 이들은 현재 신장성에 60만 명 정도 사는데, 눈이 약간 찢어진 것이 위구르족과는 외모에서 조금 차이가 있다. 하사커란 말은 원래 방랑자, 모험자를 뜻하는 터키어라고 한다.

이 마을의 나무들은 전부 한쪽으로 휘어져 있었다. 계속된 바람의 영향 때문에 한쪽으로 기운 것이다. 그런데 그 기운 방향이 어째 좀 불길하다. 우리가 가려는 방향의 정반대 방향이다. 마을 주민에게 물어본 결과 새벽인가 아침에는 바람이 좀 덜하다고 한다. 그래서 우리는 일단 이번에도 자전거 팀과 자동차 팀을 나누기로 했다. 치렌에서 팀을 나눌 때와는 달리 이번에는 조금이라도 갈 수 없다고 판단되는 사람은 전부 자동차를 타는 분위기였다. 그래도 '자전거 여행을 왔는데 자전거를 타야지' 하는 단순한 생각과 '민폐만 안 됐으면 좋겠다'라는 작은 각오와 함께 자전거를 타고 가겠다고 말했다.

더 이상 복잡하게 생각하면 머리만 아프고 안 가기로 결정할 것 같아 앞으로의 일에 대해서는 생각하지 않기로 했다. 어쨌든 그렇게 팀을 나누고는 자동차 팀을 먼저 보냈다. 우리는 새벽부터 아침까지 기다렸다가 역풍이 좀 줄어들었을 때 질주하려는 계획을 세웠다. 고맙게도 자동차로 미리 간 팀이 어느 지점에 무엇이 있는지 적어서 전화로 전해주었다. 우리는 식량, 식수를 챙기는 등 만반의 준비를 마치고 내일을 기다렸다. 형근

마을에 도착하여 짐정리를 하고 있는 우리에게 동네 아이들이 몰려들어 "꼬리아 꼬리아" 하면서 신기해했다. 그동안 들었던 한궈가 아닌 꼬리아라는 소리를 들으니 중국이 아닌 위구르족 나라에 온 것 같았다. 근처 상점에 가니 그동안 팔던 음료수들이 묘하게 바뀌어서 팔리고 있었다. 펩시처럼 생겼지만 펩시가 아니고 레드불이지만 레드불이 아닌 음료수들……. 한족화를 거부하고 자민족만의 브랜드를 따로 만들어 파는 분위기였다. 펩시의 태극모양이 묘하게 바뀌어 그 맛마저도 묘한 콜라의 맛을 냈다. 처음 보는 것들도 많았다. 신기해서 먹어봤는데 이쪽 사람들 입맛에 맞춘 탓인지 내 입엔 별로다. 진우

요구르트 소동

역풍을 피해 한 발 후퇴하여 우리는 '싸얼차오커'라는 마을에 들어왔다. 저녁을 먹고 잠자기 전까지의 자유시간이 주어졌을 때 은혜 언니와 나는 작고 허름한 마을을 돌아다녔다. 흙으로 만든 것 같은 낮은 건물들이 무너질 듯 세워져 있는 것이 마치 우리나라의 1950~60년대 풍경을 연상시켰다. 이 마을에는 개선문 같은 건축물이 세워져 있었는데 이는 마오쩌둥을 기념하는 기둥으로, "마오쩌둥 만세"라고 쓰여 있었다. 작은 상점에 들어갔을 때도 가장 높은 곳에 마오쩌둥의 사진이 걸려 있었다.

먹거리를 사러 동네에서 가장 큰 상점에 들어갔다. 다들 살 것을 사고 나가는데 은혜 언니가 계속 상점 안을 서성거렸다.

"언니, 이제 그만 나가요."

"지수야, 사실 아까 낮에 상점 아주머니께 신장 요구르트 사려는데 어디 있냐고 여쭤 보니까, 여기 사람들은 요구르트를 집에서 만들어 먹지, 사 먹지 않는다고 하셨어. 너무 먹고 싶다고 하니까 자기 집이 바로 옆이니 와서 먹으라고 하셨거든. 아주머니 네 가서 신장 요구르트 잠깐 먹고 올까 하고."

상점에 손님이 다 나가니까 정말 아주머니, 아저씨께서 언니 때문에 잠깐 문을 닫으셨다. 나는 상점 아주머니, 아저씨의 인상이 좋았지만 그래도 집까지 가는 것은 조금 걱정이 되어서 언니한테 그냥 가지 말자고 했지만 언니가 계속 괜찮다고 하였다. 언니 혼자 가는 것은 위험하니까 옆에 있던 성훈 오빠와 내가 같이 갔다. 집이 분명 바로 옆이라고 했는데, 차를 타고 꽤 가야 했다. 컴컴한 밤에 남의 집에 들어가려니까 왠지 불안했다. '들어가도 되나?'라는 생각이 계속 들었다.

하지만 걱정도 잠시, 집에 들어서자마자 저절로 "와!" 소리가 터져 나왔다. 영화 속에서만 보았던 장면이 눈앞에 펼쳐졌기 때문이다. 나무로 만든 푸르스름한 문을 열고 들어가니 난로의 따뜻한 온기가 가득 퍼져 있는 신장풍(?)의 집이 우리를 반겨주었다. 형형색색의 화려한 카펫이 집 안 전체를 도배하고 있었고, 불그스름한 전등이 조금은 어두운 집을 따뜻하게 비춰주고 있었다. 다큐멘터리나 영화 속에서만 보았던 집에 들어와 앉아 있으니 내가 하사커족(카자흐족) 소녀가 된 듯한 느낌이었다. 방 안에 들어가 보니 아저씨네 딸들이 십자수를 두고 있다가 우리를 보며 수줍게 인사를 했다. 그때 자그마한 부엌에서 인자한 인상의 할머니가 병에 요구르트를 담아 거실로 나오셨다. 국자로 희고 걸쭉한 요구르트를 퍼서 그릇에 담아 우리 셋에게 한 그릇씩 주셨다. 쭉 들이켜고 나니, 그 짜릿한 신맛에 눈을 뜰 수가 없었다. 지금껏 한국에서든, 중국에서든 요구르트를 먹으면 달콤했는데, 그건 설탕이 많이 들어 있었기 때문이라는 것을 알게 되었다. 직접 소젖을 짜서 만든, 어떤 성분도 첨가되지 않은 천연 요구르트는 눈을 뜰 수 없을 만큼 시다! 장이 튼튼해지는 소리가 들리는 것 같았다. 할머니께서는 연세가 100세 가까이 되셨는데 지금까지 일을 할 수 있고 건강히 지낼 수 있는 이유는 늘 이 요구르트를 마셔 왔기 때문이라고 말씀하셨다.

우리는 이런 좋은 경험을 셋만 누린다는 것이 너무나 아쉬웠다. 특히 아무도 카메라를 가지고 있지 않아서, 이 특색 있는 신장풍의 집을 사진으로 담을 수 없다는 사실이 안타까웠다. 나는 이 순간을 눈과 마음에 담기 위해 열심히 집 안을 둘러보았다. 집의 분위기에 매료된 우리에게 할머니께서는 밀가루를 튀긴 신장 특색의 과자를 먹어보라고 과자 한 움큼을 카펫 위로 던져주셨다. 우리는 과자와 요구르트를 먹으며 아저씨, 아주머니, 할머니와 시간 가는 줄 모르고 이야기꽃을 피웠다. 바리쿤에서 태어나고 자란 아주머니가 싸얼차오커라는 이 작은 마을로 시집을 오게 된 이야기, 친어머니도 아닌 할머니와 한 집에서 살게 된 이야기 등 그분들의 삶의 이야기는 너무나 재미있었다.

정신없이 이야기를 나누고 나니 어느새 1시간이 훌쩍 넘었다. 너무 오랫동안 이 집에 있었다는 것을 알아차린 우리는 그만 작별인사를 하고 다시 아저씨, 아주머니의 차를 타고 숙소로 향했다. 차를 타고 가는데, 돌아다니는 사람이 한 명도 없고, 깜깜한 마을을 보니 갑자기 불안해졌다. 대장과 다른 대원 오빠들에게 어디에 가는지 말도 안 했는데, 이 시간까지 안 들어오고 있는 우리를 걱정하고 있을 것 같았기 때문이다. 왜 아주머니네 있을 때는 이 생각을 하지 못했는지, 너무나 후회가 되었다. 빨리 숙소에 가서 모든 이야기를 해주어야겠다고 생각했다. 차의 덜컹거림은 내 마음을 더 초조하게 했다.

마을로 들어서려는데 아무도 없던 거리에 낯익은 뒷모습의 남자 2명이 서 있었다. 대장 종현 오빠와 부대장 수현 오빠였다. 멈추고 있는 우리 차의 불빛에 뒤를 돌아본 오빠들은 우리 셋을 보자마자, 차 문을 열었다.

"내려!"

"당장 내리라고!"

종현 오빠와 수현 오빠의 얼굴은 상기되어 있었다. 오빠들이 화내는 것을 처음 보았다. 아까 '혹시' 하고 걱정했던 일이 결국 벌어졌다는 것을 알았고, 우리가 정말 큰일을 저질렀다는 것을 깨달았다. 화난 오빠들을 따라 마을로 걸어가는데 날씨가 정말 추웠다. 은혜 언니와 나는 서로 부둥켜안고 걸어가면서 온몸을 벌벌 떨었다. 추워서 떨고 있는 것인지, 오빠들에게 혼날 것이 무서워서 떨고 있는 것인지, 오빠들의 화내는 모습이 충격적이어서 떨고 있는 것인지, 우리의 경솔함으로 오빠들을 화나게 했다는 사실이 미안해서 떨고 있는 것인지 알 수가 없었다. 플래시를 비추지 않으면 앞으로 걸어가기 힘들 정도로 깜깜한 그 길을 걸어가니 오빠들이 왜 화를 냈는지 알 것 같았다. 이렇게 밤에 인적 하나 없는 어두운 마을에서 갑자기 말도 없이 사라진 우리를 걱정하지 않는다면 오히려 이상한 일일 것이다.

숙소에 도착하니 대장, 부대장 오빠들뿐만 아니라 다른 대원 오빠들도 마을을 돌아다니며 우리 셋을 찾으러 나간 상태였다. 우리의 짧은 생각 때문에 오빠들에게 걱정을 끼친 것 같아 얼굴을 들 수 없을 정도로 미안했다. 방으로 들어온 후 은혜 언니는 모든 것이 자신의 탓이라며 성훈 오빠와 나에게 연신 미안해했다. 같이 간 우리 셋 모두의 잘못이지, 절대 언니만의 잘못이 아닌데 언니는 그날 밤에 미안하다는 말을 백 번도 넘게 한 것 같다.

수현 오빠가 방으로 들어왔다.

"오빠, 정말 죄송해요……."

나는 기어들어가는 목소리로 오빠에게 말을 하고, 눈을 질끈 감고 천둥번개와 같은 호된 꾸지람을 들을 각오를 단단히 하고 있었다. 그런데 내 예상과는 정반대로 오빠는 너무도 조용하게 "응. 다음부터는 그러지 마"라고 말하고는 침대에 누워 잠 잘 준비를 했다. 큰소리를 들은 것보다 더 큰 반성을 하게 되는 한마디였다. 그렇게 우리는 '현지교류팀은 말썽쟁이'라는 그동안의 인식에 종지부를 찍은, 역사에 길이 남을 '요구르트 소동'을 만들어냈다.

"내일 자전거 타야 하니까 빨리 씻고 자"라는 수현 오빠의 말에 언니와 나는 재빨리 칫솔을 들고 집 마당에 나와 양치질을 했다. 밤하늘엔 별이 가득했다. 언니와 나는 별을 바라보며 '다시는 이러지 말자'고 약속했다. 세상에서 가장 슬픈 양치질이었다. 지수

현지교류팀의 요구르트 소동은 모두의 마음을 무겁게 했다. 나보다 조심성 많고 생각이 깊은 성훈이가 함께 있었다는 사실이 믿기지 않았고 그만큼 실망도 컸다. 성훈이라면 아직 어린 지수와 호기심 많은 은혜를 잘 타일렀어야 했다.

대장과 부대장의 훈계로 사건은 일단락되었고 다시는 말을 꺼내지 않기로 했지만, 각자의 방에서는 말이 안 나올 수 없었다. 나와 선호, 형근이 그리고 재두 형은 자기 전 소변을 보러 가기 위해 화장실로 향했다. 아무 빛도 없어 발판마저 보이지 않는 푸세식 외부 화장실에 들어가기가 무서웠던 우리는 그 앞 화단에 나란히 서서 소변을 보며 그 사건을 이야기하기 시작했다. 나는 성훈이에 대한 실망에 더욱더 신랄하게 비판했다.

그때 캄캄한 화장실에서 굵직한 목소리로 "흠흠" 하는 소리가 들렸다. 놀란 우리는 "누구지? 누구지?"를 연발했다. 그러자 안에서 들려온 대답은 "…지수다…"였다. 성훈이 목소리였다. 자기도 민망했는지 지수라고 농담을 한 것이다.

아, 이렇게 민망할 데가……. 지금까지 자신을 향한 온갖 뒷담화를 어둠 속

에서 묵묵히 듣고 있었던 것이다. 동기지만 사실은 한 살 많은 성훈이를 감싸 주지는 못 할망정 동생들 앞에서 부끄럽게 했던 내가 얼마나 원망스러웠을까? 회윤

무레이 팀과 역풍 팀

우리는 너무나 강력한 역풍 앞에 마지막으로 안전을 위한 팀 분리를 해야만 했다. 성훈 오빠가 이끄는 무레이 팀은 이날 막중한 책임이 있었다. 차를 타고 가면서 가는 길목에 식당, 뺀관, 마을이 어디 있는지 체크해서 전화로 알려주는 것. 그런데 사실 누군가가 이걸 해야 한다고 하거나 알려달라고 한 적은 없다. 무레이로 향하던 팀원들 사이에 무언의 책임감이 공유되고 있었던 것일까? 누가 시킨 것도 아닌데 각자 수첩에 이미 몇 km에 인가가 있는지 적고 있었다.

달리는 차 안의 분위기는 예전과 사뭇 달랐다. 허허벌판과 험준한 산세를 보며 끝없이 달리지만 인가가 나오질 않았다. 불안했다. 차를 타고 한참을 달리니 엄청난 피로가 몰려와 눈꺼풀은 천근만근이 되었고, 무진 애를 썼지만 나도 모르게 잠깐 졸다가 깨기도 했다. 혹시라도 그사이에 놓친 것이 있을까 봐 걱정했지만 성훈 오빠와 진우, 지혁 등이 각자 수첩에 정리하고 있던 걸 알려주었다. 지친 탓에 다들 한두 번씩 졸다 일어났지만, 맏형 성훈 오빠는 최대한 깨어 있으려고 노력해 꽤 많은 정보를 수집했다. 그러고는 종현이에게 전화를 걸어 몇 km마다 무엇이 있는지 알려주었다.

부디 이 정보가 내일 그들의 여정에 도움이 되기를 바라며 우린 무레이에 먼저 도착했다. 은혜

천산을 넘다

천산天山, 천산이다. 아, 말 그대로 하늘과 맞닿은 산이다. 기세 좋게 나섰던 아침과는 달리 세찬 비바람에 몸이 젖어 무거워지고, 마음 또한 쉽게 꺾였다. 이젠 레드불의 각성도 소용이 없다. 붉은 황소의 기운은 어디 가고 갓 태어난 송아지마냥 힘없이 비틀대며 불안한 주행을 계속한다. 아름다웠던 풍경은 이제 눈에 들어오질 않고, 그렇게 반갑고 신기했던 양 떼들과 낙타 무리들조차 천산이라는 큰 배경 속에 파묻혀 부지불식간不知不識間에 지나쳐버린다.

대원들은 말을 잃은 채 거친 숨소리만으로 서로의 존재를 증명하며 인식한다. 기어는 아무리 바꿔도 불편할 뿐이다. 기어를 높이면 힘에 부쳐 오르질 못하고, 기어를 낮추면 바람에 밀려 제자리걸음을 하는 것마냥 앞으로 나아가질 않는다. 차가운 산바람에 비까지 내려 손과 발의 감각을 앗아간다. 타이어는 하필 이럴 때 말썽인지 야속하게 펑크가 났다. 첩첩산중이라 했던가, 딱 그 모양이다. 천산이 미워지기 시작한다.

괜히 이 길을 택했다는 생각은 들지 않는다. 마음마저 꺾이면 주저앉을 것 같기 때문이다. 그저 우리 길을 방해하는 자연이, 이 천산이 미울 뿐이다. 이제는 뒤처진 나를 기다리는 대원들에게 미안한 마음을 느낄 여유도 없다. 이 산을, 이 자연을 이기고 싶다는 생각도 없다. 그저 앞으로 나아가고 싶을 뿐이다. 그렇게 나는, 그리고 우리는 하늘을 향해 오르고 있다.

사고思考를 멈춘 채 얼마나 페달을 밟았을까. 이제는 힘들다는 생각조차 들지 않을 즈음 대원들이 멈춰 서 기다리고 있다. 아, 쉬는구나……. 잠시 눈을 돌려 뒤를 돌아보니, 좁아졌던 시야가 다시 넓어진다. 올록볼록 솟은 봉우리들, 다소 황폐한 듯 눅눅한 빛깔. 이상하게도 그런 괴괴한 빛깔이 차분하게 느껴진다. 거칠게 나를 밀어내려고만 했던 거신巨神 같던 산들이 저 아래 조그마한 동산처럼 보인다.

더 이상 미운 마음은 들지 않는다. 내가 자랑스럽거나 대견하지도 않다. 그저 쉼 없이 페달을 밟아서인지, 공기가 희박해서인지, 혹은 형용形容하기 힘든 이 기분 때문인지 가슴이 벅차게 두근거릴 뿐이다. 바람은 여전히 거세지만 비

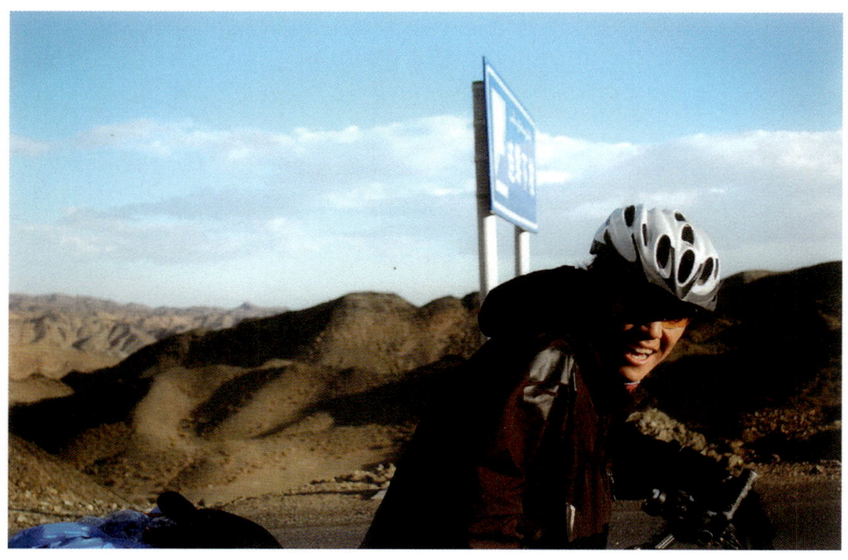

가 그쳐 더 이상 차갑지는 않다. 아직 내 다리는 움직이고 새로 끼운 타이어에 바람도 충분하다. 달릴 만하다. 다시 하늘을 향해 오르기 시작한다. 그리고 결국 우리는 이 하늘이라는 이름의 산을 넘을 것이다. 화윤

이 상황이 너무도 싫었다. 비는 억수같이 퍼붓고 역풍은 쉴 새 없이 불고, 몸은 벌벌 떨리고, 손에는 감각이 없고, 대원들 모두가 제 몸 하나 가누기 힘들었다. 달리면서 이 상황을 어떻게든 정당화시켜 보려고 별별 생각을 했다. '도전'이라니, '나 자신과의 싸움'이라니 하지만 어떤 생각도 도움을 주지 못했다.

내가 페달을 밟을 수 있었던 이유는 하나였다. 당장에라도 페달링을 멈추고 드러누워 버리고 싶었지만, 그럴 장소가 없었다! 선호

천산산맥을 다 지나고 뒤돌아보니 내가 생각한 것 이상으로 더 험난한 길이었구나 싶다. 나는 거기서 실없이 웃었다. 그 웃음은 해냈다는 만족감이기도 했고 뒤돌아보니 아무것도 아니구나 하는 허탈함이기도 했다.

인생이 산에 비유되는 순간 어른이 된다고 하던데, 반은 알 것 같기도 했다. 아직 내리막은 잘 모르기 때문이다. 종현

언덕을 넘자 허허벌판에 집 한 채가 보였다. 식당이었다. 당최 저기에 왜 식당을 만들었는지 이해할 수 없을 정도로 엉뚱했다. 마치 '만리행, 여기서 밥 먹어라' 하고 만들어 놓은 것 같기도 했다. 식당이 보이는 순간 페달이 가벼워졌다. 모든 것은 마음먹기에 달렸다는 게 진짜인가 보다. 밥을 먹을 수 있다는 것보다도 바람을 피할 수 있고, 그로 인해 따뜻할 수 있다는 게 정말로 감사했다. 그 집에도 난로가 있어 잃어버린 체온을 다시 찾을 수 있었다. 난 분명히 사막을 생각하고 여행 왔는데 난로를 두 번이나 쬐게 될 줄은 몰랐다. 체온이 돌아오는 것을 보며 느껴지는 이 안도감이 익숙하다.

따뜻한 것은 난로뿐만이 아니었다. 그 집주인으로 보이는 한 할머니는 우리

Tour de Silkroad
WORLD BICYCLE EXPEDITION CLUB

'连续下坡(연속 내리막길)'

반대방향을 향해 놓여 있는 팻말이다. 우리는
'연속 오르막길'을 저 하늘만큼 올라온 것이다.

를 마치 친자식처럼 따뜻하게 반겨주었다. 흡사 거지를 방불케 했던 우리를 위해 이불을 깔아 주고 따뜻한 양젖을 주셨다. 거기서 볶음면과 양젖을 먹고 마시며, 몸을 식히고 누워 있었다. 사는 게 별거 있나 싶은 생각이 들었다. 배부르게 먹고 몸 따뜻하게 자는 건 내가 일상에서 매일 하는 건데, 지금 내가 극도의 행복감을 느끼고 있는 이유가 바로 배부르고 몸이 따뜻하기 때문이라니……. 이런저런 생각을 하니 잠이 오질 않았다. 형근

때때로 '운명'에 대해서 생각해 보곤 한다. 또 때로는 만남에 대해서 생각해 보기도 한다. 그래서 정말 때로는 운명에 의한 만남에 대해서도 생각해 본다. 그러다가 이러한 '운명'적인 만남은 훗날 돌이켜보았을 때, '필연必然적인 만남은 아니었을까?'라는 다소 모순된 결론에 도달하곤 한다. 천산 할머니와의 만남이 그랬다.

천산 할머니와의 만남은 우리 팀원들에게 있어 정말로 행운과도 같았다. 비바람과 역풍에 사투를 벌이다가 이제는 더 이상 갈 수 없는 한계에 다다를 무렵 신기하게도 허허벌판에 집 한 채가 덩그러니 놓여 있었고, 그곳에서 우리는

운 좋게도 인자하신 할머니께 일용할 양식과 따뜻한 잠자리를 제공받았다.

그런데 여행이 끝난 지금 천산 할머니와의 만남은 필연적이었다는 생각을 자꾸 하게 된다. 여행 전 대안으로 생각해 놓았던 한 코스가 여행 중에 계획이 변경되고, 자전거를 포기하지 않는 이상, 또 역풍을 만나 미리 자동차를 타고 간 팀으로부터 221km 지점에 집 한 채가 있다는 정보를 알게 된 이상 우리는 그곳에 무조건 들를 수밖에 없는 상황이었다. 즉, 할머니를 무조건 만날 수밖에 에 없었다는 것이다.

내가 여기서 필연성을 강조하는 이유는, '운명'과 '우연'적 요소의 복합체인 여행의 참맛을 몰라서가 아니라, 내가 그날 할머니에게서 받은 강한 느낌을 그저 '운명'으로만 치부해버리고 싶지 않았기 때문이다. 그날 천산의 할머니는 마치 먼 곳에서 손자 같은 아이들이 올 것이라는 것을 미리 알고 있던 것처럼 느껴졌다. 양젖을 미리 따뜻하게 덥혀 놓고, 따끈따끈 구워져 나올 빵의 재료를 준비해 놓고, 우리가 편히 쉬어 갈 알맞은 크기의 평상과 양털 이불을 준비해 놓았다.

지극히 나의 입장에서 필연성을 부여하고 있는 것일지도 모르지만, 십여 년 전 손자가 올 줄 알고, 손자가 가장 좋아하는 '시래기국'을 미리 푹 끓여 놓으시던 우리 외할머니의 모습을 천산의 할머니에게서 보았기 때문일는지도 모르겠다.

스파게티의 원조는 이탈리아가 아니다?

빤몐(拌面), 신장 특유의 비빔면
스파게티가 중국에서 유래했다는 말을 들어본 적 있는가?
혹시 지금 코웃음을 쳤다면, 다시 생각해보길 바란다.
나도 처음 이 얘길 들었을 때 비웃었다.
그러나 신장에서 직접 경험한 빤몐은
이런 나의 비웃음을 가볍게 날려주었다.
각종 빤몐을 맛볼수록 실제로 그랬을 것 같단 확신은 커져만 갔다.
면식이 없던 로마에 중국의 면이 전해지고,
로마상인이 가져온 토마토와 신장의 고기가 만나
스파게티의 원조가 탄생했다고 나는 믿고 있다.
빤몐은 스파게티처럼 잘 붇지도 않고,
그 종류가 아무리 다양해도 토마토 베이스는 바뀌지 않는다.
여기에 화덕에서 구워낸 낭까지 맛보면
피자까지 떠오르게 만드는 것이
신장의 음식이다.
그러므로 우리는 어쩌면 동로마와 중국 중간쯤의
고대 스파게티를 먹고 있는 건지도 모른다.

은혜

깨끗하고 평화로운 마을:
무레이와 지무싸얼 그리고 천산천지

대원을 미리 다음 도시로 보낼 때마다 "나는 되고, 너는 안 돼"라고 말한 것 같아 미안하다. 만리행의 가장 큰 의의 중 하나가 극기, '스스로를 이겨내는 것'이다. 나는 대장으로서 대원들이 스스로를 이겨낼 수 있도록 도와주었어야 했다. 그런데 나는 여행의 끝까지 선택을 주었을 뿐, 단 한 번도 "넌 할 수 있어, 끝까지 같이 가보자"라고는 말하지 못했던 것 같다. "나도 이 정도로 버티고 있어" 하며 튼튼하고 자신만만한 모습을 보이면서, "너도 이렇게 해 봐"라고만 했을 뿐이다. 여행일정도 생각해야 했고, 12명을 조율하기엔 시간도 없었기에 그러한 모습은 대원들에게 동기부여가 아닌, 부러움을 주었을 수도 있고, 반감을 주었을 수도 있다. 또 한 번의 보내야 하는 순간이 온다면, 진심으로 대원과 의견을 나누고, 선택을 할 수 있도록 도와주고 싶다. 그리고 말하고 싶다.

"난 네가 해낼 수 있다는 걸 알고 있고, 믿는다. 그리고 계속 옆에 있어 줄 거야."

종현

Tour de Silk Road
WORLD BICYCLE EXPEDITION CLUB

싸얼차오커에서 역풍으로 인해 6명의 대원은 먼저 차로 이동하였다. 그리고 그들은 대장과 부대장 없이 모두 이틀 동안 자유시간을 가졌다. 그동안 가고 싶었던 왕빠网吧, PC방에 가고, 침대에 누워 방에서 알아들을 수 없는 TV를 보고, 낮엔 무한 낮잠으로 피로를 푼다. 운동량이 없으니 끼니마다 밥보다는 자신들이 먹기 편한 음식으로 때웠다. 그렇게 하루, 이틀이 지나고, 결국 그들에게 남은 것은 엄청난 무료함이었다.

다른 6명의 대원들은 지금쯤 거친 역풍 속에서 고생을 하고 있을 것이다. 비바람이 불어 자전거 타기도 힘들고, 제대로 된 숙소가 없어 잠도 제대로 자기 힘들 것이다.

과연 뭐가 더 나은 선택일까? 고생을 무릅쓰고 대자연에 도전하는 것이었을까, 편안하지만 허무한 휴식이었을까? 어쩌면 양쪽 모두 서로를 부러워했을지도 모른다.

여기서 분명한 것은 '목적 없는 여행은 허무하다'는 것이다. 성훈

천신만고 끝에 무레이에 도착해 다음 날 바로 치타이奇臺, 기대에 도착, 치타이에서 점심을 먹고 지무싸얼吉木萨尔, 길목살이까지 마구 내달렸다. 쉬는 날 없이 자전거로 신나게 노동을 하자니 다소 짜증이 나긴 했지만 즐거웠다. 여기서 '즐겁게'는 정말 즐거웠다기보다는 계속 구시렁거리며 타는 자전거 주행이라고 생각하면 된다. 그런데 이게 은근 재미있다.

짜증이 난 상태를 즐기면서 타는 건데 정신력이 무너지면 주로 드러나는 증상으로, 스스로에게 굉장히 솔직해지고 스스럼없는 상태가 되어 어떻게 보면 정신적으로는 가뿐해진다. 그래서 나는 솔직히 이런 다소 무리한 일정도 좋았다. 맨 정신으로만 살 수는 없지 않은가. 이런 여행을 통해서 솔직한 내면을 바라보는 것도 여행의 일부이다. 특히 만리행이 아니면 잘 겪을 수 없는 성과이자 특징이라고 할 수 있다.

이 글을 읽는 독자 중 본인의 진짜 내면을 보고 싶은 분이 있다면 만리행을

권하고 싶다. 만 리를 간다는 것이 실제로 물리적인 거리를 간다는 것뿐만 아니라 내 안의 만 리를 간다는 것, 그래서 내 수준을, 바닥을 본다는 것이다. 이게 어떤 의미로는 진짜 만리행이다. 그렇게 진정한 만리행을 다녀오면 분명 실망을 할 것이다. 물론 아닐 수도 있다. 하지만 나의 경우에는 정말로 여행 내내 여러 이유로 스스로에 대해 굉장히 실망을 많이 했다.

중국에만 오면 왜 이렇게 괴로움과 어려움을 얻는지 모르겠지만 이 또한 나에게 준 하느님의 은총, 부처님의 자비라고 감사하게 여기기로 마음먹었다.

지무싸얼(吉木萨尔)

연이어 달려온 나날에 지쳐 짜증이 나 쉬게 된 곳이다. 종현이가 한심하게 생각했는지, 안타까웠는지 꼭 나 때문에 그런 건 아니겠지만, 더 달려서 다음 도시로 가려는 계획 대신 결국 "오늘 여기서 자고 가겠습니다." 라고 할 때, 두 가지 생각이 들었다. 첫째는 연이은 주행에 힘들었기에 스트레스가 많아 쉬면 좋겠다는 생각이었고, 둘째는 어차피 스트레스는 좀 받았지만 그 스트레스를 동력으로 더 가면 좋겠다는 생각이었다.

당시에 왜 그렇게 스트레스를 받았는지 지금 생각해보면 정말 난 얄팍한 놈이었던 것 같다. 그런데 지금도 그런 상황이면 똑같이 스트레스를 받을 것 같다.

지친 몸을 이끌고 쉬게 된 도시라 기분이 좋아서 그랬는지, 이곳은 기억이 좋게 남아 있다. 숙소 앞에 있던 국숫집도 맛있었고, 맛있는 과일도 많이 팔고…… . 지무싸얼은 여러모로 좋은 기억으로 남아 있는 도시다. 재두

216

"한없이 작고 평범해 보이는 것들 속에 때로는 놀라운 이야기가 숨겨져 있습니다. 실처럼 가늘고 긴 모양의 음식, 국수도 바로 그런 것입니다."

다큐멘터리 '누들로드'의 오프닝 멘트이다.

우리는 실크로드를 따라 달리며, 과거의 유적에만 집착하여 실크로드적인 의미를 찾고자 애를 썼다. 그러다 보니 실크로드가 안고 있는 '현재적 의미'에는 초점을 두지 않은 채, 실크로드가 마치 별도의 세계인 것처럼 이해하려 했다.

류위안에서 하미 가는 길에 보았던 화물차의 행렬과 더불어 이 작은 그릇 속에 담긴 가늘고 긴 면발의 향연은, 바로 과거의 중국과 현재의 중국을 이어주는 실크로드의 '현대적 의미'를 내포하고 있는 놀라운 이야기인 것이다. 수현

지무싸얼 쏸나이(酸奶)

지무싸얼의 쏸나이(요구르트)는 무방부제 자연산.
매일 아침 회족 아주머니들은 집에서 갓 만들어 온 쏸나이를 드럼통에 한가득 채워 거리로 나오신다. 쏸나이 한 그릇을 청하면 그릇에 일회용 비닐을 씌우고 큰 국자에 한가득 퍼서 찰방찰방 넘칠 만큼 담아주신다. 시큼한 맛에 달콤함을 가미하고 싶다면 옆에 있는 흑설탕을 한 스푼 넣으면 된다.

지무싸얼을 떠나 **우루무치로**

지무싸얼을 떠나 우루무치로 가는 길이었다. 여행 동안 웬만한 건 잘 소화시키던 은혜가 속이 안 좋다고 했다. 아마 지무싸얼에서 출발하기 전날 먹은 뭔가가 걸렸나 보다. 주행 중에 계속 뒤처져서 우선 다 같이 주행을 멈추고 좀 쉬었다가 나아지면 이동하기로 했다. 원래 잘 안 아프던 친구였기에 다들 그렇게 크게 걱정하지 않았는데, 상태가 나아지지 않았다. 결국 누군가 은혜를 데리고 다음 도시인 푸캉阜康, 부강까지 차로 이동하기로 결정하였다. 이번에는 회윤이와 내가 가위바위보를 하여 누가 갈지 결정하기로 했는데, 내가 졌다. 솔직히 그냥 도와줄 수도 있는 거지만, 별로 확 내키지 않았다. 귀찮아서 그랬던 건지, 뭔가 얄미웠는지 모르겠지만 어쨌든 둘만 먼저 이동하게 되었다.

다행히 정말 고마운 아저씨 한 분을 만나 트럭을 타고 푸캉까지 무사히 갈 수 있었다. 은혜는 차를 타고 병원에 진료를 받으러 가는 동안에도 계속 힘들어 했다. 그냥 체한 것 같은데 엄살이 심해 보였다. 아무튼 병원으로 가는 내내 그 중국인 아저씨한테 미안하기도 하고 고맙기도 하였다. 정말 처음 보는 외국인인데 이렇게 친절하게 차로 데려다주고 같이 병원에서 접수하고 기다려주기까지 하고, 과연 내가 한국에서 중국인을 만나면 이렇게 열정적으로 도와줄 수 있을까? 미안한 마음에 먼저 가셔도 된다고 말씀 드렸지만 한사코 끝까지 남아 은혜가 잘 치료를 받는지 보겠다고 하셨다. 솔직히 치료받을 때 중국 사람이 같이 있는 게 든든하기 때문에 우리 입장에서도 좋았다. 그런데 그 아저씨가 은혜의 주사비용까지 자신이 내겠다고 고집을 피우셨고 계속 거절하기 미안해서 아저씨의 호의를 받아들였다. 결국 아저씨는 은혜가 진료를 다 받고 링거를 맞을 때가 되어서야 우리와 작별 인사를 했다.

정말 가끔씩 이렇게 좋은 사람들을 보면 자기 일 외에는 그다지 신경 쓰지 않는다는 중국인에 대한 선입견이 완전히 사라진다. 중국에도 따뜻하고 친절한 사람들이 많이 있다. 그리고 어느 나라든 그 아저씨처럼 따뜻한 사람들이 있고 그런 사람들 덕분에 그 나라 사람들에 대한 인식이 좋아지는 것 같다.

어쨌든 그 아저씨 덕분에 은혜는 무사히 치료를 받고 이후에 자전거로 온 일행들과도 만날 수 있었다. 아저씨께 나중에 우루무치에 도착해서 보답하리라 얘기했지만, 막상 우루무치에 도착하고 나서는 연락도 못 하였다. 그래서 미안하기도 하고 약간의 가책도 느꼈다. 부디 아저씨가 타지에서 온 젊은 친구들에게 그만한 사정이 있을 거라고 생각해주었으면 좋겠다. 성훈

지무싸얼에서 푸캉으로 가던 중 50여 km를 앞두고 쓰러져버렸다. 배가 너무 아프고 힘이 없어 엎드려져 버린 것이다. 토도 해보려 하고 화장실도 시도해보았지만 다 소용없었다. 결국 지나가던 트럭을 잡아 성훈 오빠와 먼저 가게 되었다.

트럭의 승차감은 거칠고 속도는 빨라서 배 속이 정말 뒤집힐 것 같았다. 마음속으로 그저 한시라도 빨리 병원에 도착하길 바랐다. 다행히 도착한 병원은 푸캉이라는 낯선 이름의 도시와는 달리 매우 현대식의 깨끗한 건물로 지어져 있었다. 지난날 하미에서 명준이가 그랬던 것처럼 나는 아픈 몸을 이끌고 여러 검사를 받았다. 검진을 기다리는 동안 한시도 제대로 앉아 있질 못하고 계속 까부라져 있었다. 도저히 두 발로 서 있지도, 가만히 앉을 수도 없었다.

X-ray 찍고, 피 뽑고, 진료받고, 링거 4개를 맞았다. 이런 경험은 처음이었다. 자전거 팀이 도착했고 장난을 치는 형근이와 재두 오빠의 무뚝뚝한 이상한 개그 속에 조금 나아지는 듯했다. 다들 식사하러 가는데 지수가 남아서 나를 돌보겠다고 했다. 나는 혼자 있어도 괜찮다고 가라고 했고, 다른 대원들도 나중에 배고파질 테니 같이 가자고 했지만 지수는 한사코 남겠다고 하여 나를 간호하였다.

다들 가고 난 후 더 아프기 시작했다. 너무 추워서 목부터 발끝까지 이불을 꽁꽁 싸매고 식은땀을 흘리다가 겨우 잠이 들었는데, 지수가 흔들어 깨우며 물었다.

"언니, 과일을 중국어로 뭐라고 해요?"

너무 힘든 나머지 입이 떨어지질 않았다. 하지만 나를 위해 남은 지수도 뭔가 먹어야 했기에 겨우 입을 떼 대답해주었다. 그리고 다시 눈을 감고 잠 들려 하는데, 또 흔드는 게 느껴졌다.

"언니, 같이 가자고 어떻게 말해요? ○○은 뭐라고 말해요?"

계속 질문이 이어졌고, 복통과 식은땀 속에 이게 뭔가 싶었다. 나를 간호해주겠다던 지수에 대한 고마움과는 별개로 나는 속으로 외치고 있었다.

'지수야, 날 내버려둬……'

지수가 가고 난 후, 나를 담당했던 간호사는 나에게 또 다른 시련을 주었다. 혼자 화장실에서 수차례 토한 후 속이 조금은 나아져 간호사에게 뜨거운 물을 받아 마시고 쉬고 있었다. 그런데 한국에 관심이 많던 스무 살의 간호사는 나를 앉혀두고 한국에 대한 지대한 관심과 애정을 쏟아내기 시작했다. 연락처를 써달라는 펜을 받았을 때 손이 바들바들 떨렸지만 겨우 펜을 잡고 연락처를 써주었다. 한국에서 온 나를 무척이나 좋아하며 생글거리는 간호사에게 차마 혼자 쉬고 싶다고 말할 수는 없었다. 평소의 나 같으면 정말 반가워하며 좋아했겠지만, 나는 링거 4통을 맞으며 겨우 숨만 쉴 수 있었다. 은혜

천산천지

심연深淵의 푸르름. '천산천지天山天池'는 천산산맥의 봉우리인 박격달봉博格達峰에 위치한 고산호수로, 해발 1,910m에서 자연적으로 형성된 고산 빙적호이다. 길이는 3.3km이고 너비는 평균 1km이며, 최고 깊이는 105m이다.

천지에 가려면 입구 주차장에서 출발하는 전용버스를 탑승하여, 굽이친 비탈길 도로를 따라 30분 정도 위로 올라가야 한다. 버스에서 흘러나오는 흥겨운 노래를 들으며 올라가는 동안에 버스 창 너머로 펼쳐지는 천산의 절경은, 천지를 보러가기 전부터 우리를 흥분시켰다. 계속해서 높은 곳으로 올라가는 버스 안에서, 이렇게 높은 지역까지 길을 만들어 관광자원으로 활용하고 있는 중국의 힘이 느껴졌다. 우리가 올라온 길을 내려다보니 아찔했다.

하늘과 맞닿은 거대한 호수, 천산천지에 도착하니 새로운 풍경에 정신을 빼앗겼다. 물감을 풀어놓은 듯한 에메랄드 빛깔의 호수와 가깝게 보이는 만년설이 뒤덮인 산이 우리를 반겨주고 있었다. 그 빛깔이 너무나 선명하고 신비해서

마치 한 폭의 그림을 보고 있는 듯했다.

황량하고 건조한 기후 속에 위치한 실크로드를 탐방하던 중 만난 천산천지는, 우리의 지친 심신을 시원하게 적셔주는 단비 같았다. 천지는 우리의 실크로드 여행을 그 수심만큼 더 깊이 있게, 그 빛깔처럼 더 생동감 있게 만들어주었다. 지수

푸캉은 천산천지를 갈 수 있는 도시이다. 백두산천지처럼 산 위에 거대한 호수가 있는 것인데 백두산처럼 솟아 오른 정상부에 있는 것은 아니고 거대한 산맥들 사이에 호수가 크게 형성되어 있다.

천산은 우리가 갔던 길 대부분에 같이 자리했으며 신장위구르자치구를 둘로 나누는 거대한 산맥이다. 신장을 동서로 둘로 나누는 그 거리가 무려 1,760km 이며 북장과 남장으로 나뉜다. 따라서 실로 신장의 얼굴이라고 할 수 있다. 또한 천산의 빙하가 녹아내리는 물은 천산 주위의 많은 중소도시들의 소중한 물

공급원이 되니 매우 중요하고도 거대한 존재라는 것을 알 수 있다.

실제 풍광은 캐나다나 유럽의 고산지대 풍광에 못지않다. 관광 관련 시설도 우리 팀이 방문했을 무렵 완공되어 가고 있었다. 이렇게 크게 조성하는 관광 시설물들을 보면서 씁쓸한 생각이 든 것이 이런 적극적인 개발이 신장위구르 자치구를 한족화化하는 데 무관하지 않을 것이라는 생각이 들어서였다. 밀려들어 오는 한족들과 자본은 위구르인들의 주체적인 삶에 큰 방해가 될 것이다.

지금도 소수민족들 중에서 격렬하게 대항하는 민족은 티베트와 위구르족이다. 실제로 우리의 최종 목적지였던 카슈가르는 당시에 계엄령이 내려져 군대가 포위하고 있는 상황이었고, 방문 예정지들 중 하나였던 호탄和闐, 화전도 경찰서 습격 사건 때문에 계엄령이 내려져 있었다. 도로를 따라 주행을 하다 보면 검문을 하는 모습을 가끔 보았는데 외국인인 우리에게도 여권을 일일이 조회하며 확인할 정도로 굉장히 민감한 모습이었다.

천산천지는 관광지로는 매우 만족스러운 아름다운 곳이었으나 소수민족 문제로 연결을 하니 이들의 문제는 동북공정과도 밀접한 관계가 있기에 위구르인들을 볼 때마다 안타까운 마음이 먼저 들었다. 재두

11명이 아니라 12명

이번 여행 중
우리 12명 모두가 함께 나온 사진은 그리 많지가 않았다.
항상 사람 수를 헤아려 보면 11명이거나 그보다 적었다.
재두 형이나 선호 형은 항상 렌즈 안이 아닌 바깥에 계셨다.
그래서 뭔가 12명이 재미있게 나온 사진이 없을까 생각하던 찰나
이 사진이 바로 눈에 띄었다.
한 명 한 명이 너무나도 소중한데
자신은 사진에 안 나와도 괜찮다고 할 때마다 너무 아쉬웠다.
사진을 보고 누군가가 11명이서 갔느냐고 물어볼까 봐 슬프다.
그때마다 말해주고 싶다. 잘 헤아려보면 12명이 나온다고.

명준

끝이 아닌, 또 다른 시작: 우루무치

종착지가 가까워진다.

이제 자전거 여행을 마치고 나면 아침마다 반만 뜬 눈으로 무거운 패니어를 자전거에 실을 일이 없고, 혼자 힘으로 신기 어려울 때 오빠들이 달려와 도와주는 일이 없고, 동그란 원을 이루어 "하나, 둘, 셋, 넷……" 구조팀장 희윤 오빠의 구령에 맞추어 체조를 할 일이 없다. 물을 구할 수 없을 것에 대비해 빨간 농푸 생수 2통을 내 안장 뒤에 꽁꽁 묶어둘 일이 없고, 언제나처럼 첫 페달을 밟으며 '오늘도 최선을 다해서'라고 스스로에게 주문을 걸 일이 없으며, 내리쬐는 뜨거운 태양빛을 받으며 가사 틀린 노래를 흥얼거릴 일이 없고, 지겨움과 싸우며 달리다가도 푸른 하늘과 드넓은 초원을 보고 넋을 놓아 넘어질 일이 없고, 쉬는 시간이면 헬멧, 장갑, 자전거를 던지듯 놓아버리고 빙홍차氷紅茶, 아이스티를 꺼내어 벌컥벌컥 마실 일이 없고, 종현 오빠의 "5분 뒤 출발합니다"라는 말에 다급하게 먹던 낭에 목이 멜 일도 없다. 이 모든 것들이 더 이상은 없을 것이라는 사실이 너무나 아쉽게 느껴진다. 지수

마지막 준비운동을 한다. 이제 식당 앞에서 중국인들의 신기한 눈빛을 받으며 몸을 푸는 것도, 우리가 실크로드 자전거 여행을 하는 한국 청년이란 것도, 중국인들의 응원을 받으며 출발하는 것도 모두 마지막이다. 모든 마지막을 짊어진 채 마지막 페달을 힘껏 밟아본다. 은혜

종착점인 우루무치가 코앞이다. 어쩌다 최종목적지가 되어버린 우루무치! 거의 다 왔을 때 나의 가슴은 다시 한번 두근거리고 있었다. 천산천지의 기운을 받아서일까? 다들 정말 즐겁게 달리고 있다. 좀 더 자전거와 함께하고 싶어 일부러 속력을 늦추다가 역풍과 오르막을 만나 혼쭐이 났다.

대원들의 표정을 보니 다들 즐겁게 자전거를 타고 있다. 특히 지수 누나는 평소에 숨겨두었던 기량을 보이며 앞으로 치고 나간다. 진우 형과 선호 형은 며칠 전부터 해바라기씨를 질겅질겅 씹는다. 은혜 누나는 부상투혼을 보여주고 있지만 아직 몸이 많이 안 좋아 보인다. 형근이도 잘 탄다. 부럽다. 형근이는 여태까지 모든 여정을 자전거로 끝마쳤다. 나도 형근이처럼 자전거로 가고 싶었는데……. 당시에는 편한 것도 있었지만 도착지가 보이니 괜히 아쉬운 생각이 든다.

지혁이 형은 나와 같은 알톤으로, 특히 베어링 때문에 고생이 많았는데 지금은 괜찮아 보인다. 회윤이 형의 아팔란치아는 내가 타기에는 어찌나 무겁던지 형의 허벅지 엔진에 감탄했다. 성훈이 형은 처음에는 몰랐는데 '고고씽'과 같은 개그로 자전거를 탈 때 힘이 되어주었다. 재두 형은 언제나 사진을 찍으며 뒤에서 따라오는데 지금 생각해보니 정말 대단하다! 종현이 형과 수현이 형은 따로 말이 필요 없는 그야말로 괴물! 둘이 자전거로 승부를 낸다면 누가 이길지 궁금하다. 바나나 두 손과 물통, 그리고 간식까지 짊어지고 타는 종현이 형이냐, 카메라 가방을 짊어지고 후미에서 모두를 격려하며 달리는 수현이 형이냐? 가늠하기 힘들다. 아무튼 둘 다 엄청난 사람인 건 확실하다.

뒤에서 천천히 달리면서 이런저런 생각을 했다. 자전거를 탈 수 있는 시간이 얼마 안 남다 보니 괜히 감성에 젖었나 보다. 명준

신장위구르에는 **보물**이 있다

　중국의 압제에도 문화를 지키고, 자기 방식을 고수하며 꿋꿋이 살아가는 사람들과, 땅속에 묻혀 있는 진짜 검은 보석들인 석탄과 석유.

　중국의 저우언라이周恩來, 1898~1976도 신장지역을 일컬어 보물지역이라고 했다. 황량하면서도 광활한 대지 위에 손길이 닿지 않은 순수한 보물지역. 내가 자전거로 도로 위를 달리면서 내 눈을 통해 본 지역은 극히 일부일 텐데 감히 상상이 가지 않는다. 다만 길게 지평선을 따라 펼쳐진 수송열차들을 보면 중국 공산당에 의해 실제로 구체화되고 실행에 옮겨지고 있다는 사실만 짐작할 뿐이다.

　신장위구르에 사는 민족들에게는 이 넓은 지역의 보물들이 그들의 운명을 더욱 가혹하게 만들 것이라 생각하니 마음이 무거워진다. 그들이 잘 헤쳐나갈 수 있길 빌어본다. 재두

　말로만 듣던 서부대개발의 모습을 직접 보는 순간이었다. 우루무치에 가까워질수록, 초원 특유의 맑은 공기도 마실 수 없었다. 곳곳에서 석탄과 석유를 나르는 기차와 차를 볼 수 있었고, 길을 지날 때마다, 현수막이 걸린 육교를 지나곤 했는데, '자연을 보호하면 잘살 수 있지만, 개발을 하면 더 잘살 수 있다'라는 문구도 보았다. 실크로드에서 느낄 수 있는 과거 그대로의 길, 감탄사가 절로 나오는 멋진 풍경들, 자연들이 없어진다는 게 싫었다. 한편으론, 편안한 도시생활을 누리고 있는 나의 이기적인 마음인가 하는 생각도 들었다.

　아직도 잘 모르겠다, 어떤 게 답인지. '절충안'이라는 게 정말 있었으면 좋겠다는 생각을 했다. 종현

우루무치 국제대바자르

2011년 여름 만리행 실크로드팀 원정 최종 도착!

"우루무치다 우루무치!"

우루무치 진입 표지판을 보고 누가 먼저랄 것도 없이 환호성이 터져 나왔다. 카슈가르까지의 여행계획이 안전상의 문제로 우루무치로 바뀌었기 때문에 이번 여행의 종착지가 된 곳. 그 때문인지 나는 우루무치에 진입하는 내내 기쁘면서도 아쉬운 마음이 복잡하게 뒤엉켰다. 우루무치는 생각보다 매우 컸다. 작은 도시, 마을들만 거쳐 오다 보니 진입하는 데만 자전거로 한 시간이 넘게 소요되는 큰 도시가 어색했다.

우루무치는 지금까지 거쳐 온 다른 도시와는 확연히 달랐다. 우루무치의 사람들은 중국어가 아닌 다른 언어를 말하고 있었으며, 간판은 중국어가 아닌 꼬불꼬불 지렁이가 기어다녔다. 그들의 눈동자는 파랗고 피부는 갈색에 가까웠다. 우루무치와의 첫 만남을 어색함으로 시작한 우리는 갑자기 달라진 환경을 경계하기 시작했다. 그렇지 않아도 카슈가르에서 일어난 유혈사태 때문인지 무장경찰들이 길거리 곳곳에서 쉽게 눈에 띄었다. 이미 예상은 했지만 달라도 너무 다른 환경에 우리의 경계는 금세 두려움으로 바뀌었다.

대장과 부대장의 개인외출 금지령으로 인해 우루무치 탐험은 포기해야만 했다. 그저 국제 대바자르가 내려다보이는 숙소에서 무겁게 가라앉는 우루무치의 노을을 감상할 뿐이었다. 낯선 환경 때문에 신경이 날카로워져서일까? 혹은 자전거를 내려놓아야 한다는 아쉬움 때문이었을까? 우루무치에 도착하면 한없이 신나고 홀가분할 줄 알았는데 가라앉는 해만큼이나 우리 마음도 무거워졌다. 우리의 말수도 부쩍 줄어들어 있었다. 회윤

우리 여정 가운데 3대 도시로 손꼽히는 우루무치에 들어섰다. 과연 큰 도시답게 시내에 들어가기까지 한참이 걸렸다. 그리고 위구르인들이 모여 있는 국제대바자르에서 사진을 찍었다. 정말 못 찍었다. 노출도 못 맞추고 엉망이었다. 잘 찍으면 포스터로 쓸 수 있는 의미 있는 곳이었는데 찍으면서도 왜 이렇게 엉망인지 자책하며 어떻게든 건져보려고 마구 셔터를 눌렀다.

국제대바자르 지역에 숙소를 잡았는데, 밤이 되자 우리 팀 전체에 위기감이 돌았다. 그 이유는 우리가 묵는 지역이 위구르인 밀집지대였기 때문이다. 우루무치는 한족들이 주로 사는 지역과 위구르인들이 사는 지역으로 나뉜다. 국제대바자르 지역은 위구르인들의 밀집지대라서 거리의 사람들은 다 서역인의 모습뿐이고, 한족의 생김새는 우리밖에 없었다. 현재 한족에게 반감이 있는 위구르인들에게 우리가 좋게 보일 리 없을 것이라 생각했고, 어두운 밤은 불안감을 증폭시켰다. 실제로 국제대바자르 지역은 각종 소총과 화기로 무장한 경찰들이 서 있었고 무장차량이 계속 지역을 순찰하고 있었다. 중국의 소수민족에 대한 문제 인식과 대응이 어떠한지를 직접 목격할 수 있는 순간이었다. 나라 없

는 민족의 운명은 어떻게 되는지 직접 보고 느끼면서 우리나라 독립을 위해 힘쓴 순국선열들께 진심으로 감사드린 날이었다.

' 우루무치에서는 꿈에 그리던 피자헛에 가서 피자를 먹었다. 넓적한 밀가루 빵을 꿀에 발라 건포도를 뿌려 먹다 온갖 토핑이 얹힌 피자를 먹으니 도시에 온 것이 실감 났다. 이렇게 좋은 우루무치였지만 사실 여기까지 오면서 고민이 참 많았다. 자전거를 타고 우루무치를 넘어 카슈가르 근처까지 가야 하는 문제에 대해 정말 매일 고민했다. 결국은 모두가 우루무치에서 자전거를 멈추기로 했지만 마음이 복잡했다. 선배들이 이어온 가치가 조금이라도 손상되거나 다른 대원들에게 제대로 전달이 되지 않을까 걱정되었다. 누가 딱 나서서 정해 주었으면 좋겠다는 생각을 할 정도로 고민이 되었지만 지금 생각해 보면 팀원 모두가 우루무치에서 다 같이 마무리를 한 게 맞는 결정이었다. 재두

마지막 목적지인 우루무치에 도착했다. 하지만 내가 예상했던 만큼 기쁘지가 않았다. 한편으로는 아쉬운 생각도 들었고, 우루무치가 너무 크다 보니, '아! 도착했다!' 이런 느낌보다는 목적지에 그냥 스며들어간 느낌도 들었다.

도착하기 전까지만 해도 빨리 배낭여행 하고 싶다. 집에 빨리 가고 싶다 등등 만리행 입장에서 보면 불순한(?) 생각들을 가지고 있었는데, 목적지에 도착하고 나서야 아쉬운 마음이 들었다. 이번 자전거 여행을 통해서 나도 진짜배기 만리행 사람이 된 것 같다. 마지막 장소인 국제대바자르에서 사진을 찍은 우리의 모습은 많이 달라져 있었다. 일단 주위 배경부터! 현대적인 도시에 중국어만 적혀 있던 곳에서 우린 여러 인종과 여러 나라 사람과 여러 나라 물건이 오가는 곳에 있게 되었다. 정말 내가 실크로드를 가게 되다니! 글로 형용할 수 없는 뿌듯함과 실크로드를 다시 되돌아보는 느낌이 들었다. 명준

우리의 자전거 여행의 종착지가 된 우루무치의 국제대바자르. 우리는 그 웅장하고 화려한 모습에 깊이 감동을 받았다. 이곳은 예로부터 여러 상인들의 물

류 및 문화 교류의 장이었다고 하는데, 그래서 그런지 한족 중심의 문화가 아닌 위구르족과 다른 민족의 문화가 많이 섞여 있어 아주 신선했다.

새로운 곳에서 새로운 것들을 보고, 새로운 사람을 만나는 것, 그것이 여행의 묘미라고 한다면 대바자르는 그런 요소들이 넘쳐나는 장소라고 할 수 있을 것 같다. 비록 원래 계획과 달리 이곳에서 우리 자전거 여행이 마무리되어 약간의 아쉬움이 있었지만, 어쨌든 우린 한국으로부터 4,000km 이상 떨어진 곳에서 실크로드의 복합적인 문화를 접할 수 있었다. (성훈)

우루무치는 굉장히 크고 높은 빌딩과, 넓은 도로를 가득 채운 차들, 많은 사람들로 마치 서울 중심가에 온 분위기였다. 하지만 사람들의 얼굴은 확실히 코가 높고 눈이 큰 위구르인들이 대부분이었다. 이곳에선 한족이 오히려 소수민족이다. 마침내 우루무치에 도착했으나 뜨거운 햇살에 모두가 지쳤고 더위 먹은 지혁이는 계속해서 헛소리를 하며 중얼거렸다.

다음 날, 우리는 우루무치박물관에 들렀다. 서북지역 유물들이 있고 한쪽 방에는 소수민족 옷을 입고 서로 손을 잡은 채 웃고 있는 어린아이 마네킹이 있었다. 소수민족이 많은 중국은 어떻게든 이들을 중국 내로 끌어들이려 한다는 것이 느껴졌다. 아직도 통합에 반대해 테러가 일어나고 그들 스스로는 한족과 다르다고 생각하지만 끊임없는 탄압과 회유, 서북, 서남공정 등의 역사왜곡에 이들은 분명히 변할 것이다. 동북공정으로 중국과 대립하고 있어서 그런지 소수민족들의 이러한 모습들이 남 일 같지 않았다. (진우)

맛터행, 비단길에 가다
한국—서안—둔황—투루판—우루무치—타클라마칸—카슈가르
주최:
후원:
DMZ 생태여행하기
기간: 2011.6.25 ~ 8.25

드디어 주행이 끝났다. 아쉬울 줄만 알았던 마지막 날은 막판에 죽을 고생을 해서인지 후련함으로 다가왔다. 아까 이도교에서만 해도 아쉬움이 남고, 진짜로 주행이 끝난 건지 믿기지 않았는데, 낮에 방에 들어오자마자 지수랑 마치 짠 듯이 "꺄~" 하고 소리를 질렀다. 그리고 한바탕 웃으며 우리 지난날의 고생과 스트레스를 시원하게 날려버리고, 해방감과 성취감을 만끽했다.

아쉬우면서도 후련한, 동시에 자전거를 내려놓아야 한다는 사실에 서운한 마음을 지울 수 없는 복잡 미묘한 감정 속에 다사다난 했던 주행 마지막 밤을 보낸다. 은혜

5

자전거를 내려놓다

이 세상에 완벽하게 준비된 인간이란 존재하지 않아.

또 완벽한 환경도 존재하지 않고,

존재하는 건 가능성뿐이야.

시도하지 않고는 알 수가 없어.

그러니 두려움 따윈 던져 버리고 부딪혀 보렴.

너희는 잘할 수 있어. 스스로를 믿어 봐.

세상의 마지막 날 과연 실패했던 일들이 후회가 될까?

아니 절대 그렇지 않아.

오직 시도하지 않은 것만이 후회로 남지.

호아킴 데 포사다의 「바보 빅터」 중에서

　그렇다. 나는 이번 여행을 돌이켜보면 후회로 남은 것이 많다. 시도하지 못했던 것들이 많다. 새로운 것에 도전하기를 두려워하는 나 자신의 약한 정신력을 확실히 알게 되었고, 그것은 비단 자전거를 타는 것에서뿐만 아니라 인간관계 속에서도 나타났다. 그리고 결과적으로 그것을 극복하지 못했다는 사실이 나를 괴롭게 한다.

　하지만 또 다르게 생각하면, 이번 여행을 다녀오지 않았더라면 나는 나 자신의 모습을 파악하지 못한 채 살아갔을 텐데 이번 여행을 통해 자신의 한계와 부족한 점을 정확히 발견할 수 있었으니 정말 기쁘고 감사하다. 발견했으니 고치는 것은 이제 나에게 남은 숙제인 것이다.

　실크로드를 따라 자전거 안장 위에 앉아 끊임없이 페달링을 했다. 낙타를 타고 수만 리의 여행을 떠났던 옛 상인의 기분을 느꼈던 지난날들……. 숨 가쁘고 정신없이 지나온 55일이라는 시간은 가끔은 이유 없이 눈물 나게 서러웠던 적도 있었고, 자전거가 너무나 미웠던 적도 있었지만 돌이켜보면 서울에서는 단 한 번도 느껴보지 못했던 기쁨과 행복을 마음껏 누렸던 시간들이었다.

이렇게 모든 일은 분명 끝이 나기 마련인데 나는 왜 그토록 "빨리 끝나기를, 끝나기를" 하며 바라 왔던 것인지. 내가 너무도 간절히 바랐기 때문에 이렇게 끝이 빨리 왔나 싶을 정도로 순식간에 우리의 여행을 마무리할 시간이 다가왔다. 더 긍정적이지 못했던 것이, 더 온몸으로 뛰어들지 못했던 것이 아쉽고 후회가 된다. 지수

'도전'이란 말에 심취했던 적이 있다. 물론 현재도 그렇다. 하지만 시점에 있어서 내가 실크로드를 자전거로 달리기 전과 후를 비교해 보면 '도전'이라는 의미는 이제 다르게 다가온다. 여행을 다녀오기 전에 나에게 있어 '도전'의 의미는 남들이 쉽게 하지 않는 힘들고 어려운 것을 해보는 것이었다. 그래서 대학 입학 후 산악부에 들어 암벽등반도 했고, 건물 옥상에서 로프 하나에 매달려 내려오는 외벽청소 아르바이트도 했다. 그리고 자전거를 타고 전국 일주를 하기도 했다. 거기서 큰 카타르시스를 느꼈던 것 같다.

군대 전역 후 새로운 도전의 기회로 삼은 것이 실크로드 자전거 여행이었다. 정확히 내가 이 여행을 가기로 마음먹은 이유는 애초 원정 일정에 잡혀 있던 타클라마칸사막 횡단이었다. 비록 현지 사정으로 인해 타클라마칸사막에 가지는 못했지만 돌이켜 생각해보면 아쉬움은 없다. 이번 여행을 통해 도전이라는 의미에 대해서 다시 한번 생각할 수 있었기 때문이다.

자전거 안장에 앉아 지겹게 페달링을 하고 있노라면 그때만큼은 오로지 나만의 시공간이 된다. 그리고 나 자신하고 무수히 많은 대화를 나누게 된다. 내가 가장 많이 했던 생각은 '내가 중국 이 황무지에 와서 왜 힘들게 페달링을 하고 있나?'였다. 분명 힘든 걸 알고 내가 택해서 하는 짓인데 후회하는 시간이 매일 한 번은 있었던 것 같다. 물론 이 힘든 시간들이 후에는 어떤 부분에서든 밑거름이 되겠지만 내가 도전에 대해 너무 협소하게 정의를 내리고 있었다는 생각이 들었다. 왜 도전이라는 것을 일상을 벗어난 범주에서만 생각해왔는지……. 그동안 주어진 일상을 너무 가볍게 대하며 살아왔던 건 아닌지…….

내가 살아온 짧은 삶을 평가해보면 극단적으로 양분한다는 것이 잘못된 것일 수도 있지만 '성공'보다는 '실패' 쪽에 가까웠던 것 같다. 하루하루를 소중히 생각하지 못하고 그저 그렇게 보내온 날이 많았던 탓일 것이다. 매일 마주하는 일상 속에서 사소한 행동 하나하나가 '도전'이 될 수도 있고, 그저 그런 '짓'이 될 수 있다는 것을 폭우와 역풍을 헤치며 달리는 자전거 안장 위에서 비로소 알게 되었다. 선호

만리행 실크로드 원정은 나에게 무엇이 진정 중요한가를 일깨워주었다. 지금 나에게 가장 중요한 것은 지금 내가 하고 있는 일과 지금 나와 함께하고 있는 사람들.

실크로드를 달리던 나날은 그날 하루, 달리는 그 순간, 목적지에만 집중했다. 다른 건 없었다. 지금 이 순간. 그리고 나와 함께 달리고 있는 사람들. 그래서였을까? 원정 내내 두통이나 다른 번민은 없었다. 나 자신으로 인해 힘든 것을 빼고는 너무나도 행복한 나날의 연속이었다.

실크로드에 다녀온 후 몇 달은 자전거를 타고 중국 황무지를 내달리던 모습을 수없이 떠올리며 후유증에 시달렸다. 미친 듯이 그저 지평선을 달리던 그 순간으로 돌아가고 싶었다. 울적하고 답답한 날이면 자전거를 타고 혼자 바다로 훌쩍 달려 나갔다. 그럼에도 100% 채워지지 않는 갈증이 있었다. 바로 혼자라는 사실이었다. 내가 할 수 있는 건 단체로 맞춘 'Tour de Silkroad' 주행복을 입고 스스로 나머지 11명을 느끼는 것뿐이었다. 나도 모르는 사이, 그 사람들은 나와 함께하는 일부가 된 것이다.

이제는 눈앞에 펼쳐진 또 다른 도전에 임할 때다. 실크로드에서 반성과 후회를 하며 다신 하지 말아야겠다는 것들이 있었다. 이제는 이를 고칠 차례다. 정작 이를 개선할 수 있는 기회는 다음 번 만리행이 아니라 귀국 후의 평범한 일상 가운데 있다는 것을 이제는 안다. 만리행을 다녀오지 않았다면 절대 이해할 수 없는 깨달음이다. 소박해 보이는 이 도전이 사실은 자전거 타는 것보다 더

어렵다. 매일매일 주어지는 생활 가운데 실크로드에서 발견한 나의 아쉬운 부분들을 하나씩 고쳐나가는 것이 진정한 승리일 것이다.

마지막으로 진정한 도전이 무엇인지 깨닫게 해준 만리행에 감사드리고, 언제든 떠올리기만 하면 뜨거웠던 나날에 행복할 수 있게 해준 실크로드팀에 감사드린다. 만리행, 실크로드팀 덕분에 행복합니다. 사랑합니다! 은혜

'나는 이 여행을 통해 무엇을 얻었을까'라고 한국에 돌아와서 생각해보니, 초반에 쓴 대로 실크로드가 구법의 길을 떠났던 승려들처럼 나를 불안감에서 구해줄 것이라는 것은 욕심이 맞다. 오히려 중간에 썼던 것처럼 굳이 만나지 않아도 되는 내 바닥과 한계를 느끼며 스스로에 대해 실망하고 경멸했다. 그러면서 당시에 얻은 괴로움과 어려움은 지금도 가끔씩 비죽 튀어나와 나를 괴롭힌다.

하지만 이것들 역시 은총이고 자비라고 생각하니 내가 더 발전할 수 있는 기회이자 복이라고 생각하는 것이 맞을 것이다. 괴로움과 어려움 그리고 불안감은 내가 스스로 만든 것이기에 나만이 스스로 없앨 수 있을 것이다. 사실 이런 안 좋은 것들의 실체도 없지 않은가? 내 마음이 만든 것이지. '일체유심조'다.

'죽어도 좋고, 살면 더 좋다'라는 말처럼 당장 죽어도 후회와 두려움이 없도록 죽음을 곁에 두고 살되 그만큼 산다는 것이 기쁘고 즐거운 것임을 항상 지니고 살아야겠다. 이것이 주려고 떠난 내가 실크로드에서 얻은 법이자 성과라고 생각한다.

마지막으로 부족한 최재두라는 대원을 형, 오빠, 친구로 데리고 같이 여행을 해준 11명의 대원들에게 진심으로 감사하다는 말씀을 드리며, 11명의 대원들 모두에게 여행 동안 제가 의식하지 못하고 저지른 잘못된 말과 행동에 대해 모두에게 진심으로 용서를 구한다. 그리고 여러분 사랑합니다. 재두

"나는 걱정 많고 소심한 우물 안의 청춘이었습니다."

누가 청춘이라는 말을 명명한지는 모르지만 보통 한 사람의 인생에서 가장 활동이 왕성한 시기를 일컫는 말로 쓰인다. 체력적으로나 정신적으로 가장 힘

이 넘치는 시기인 20대를 일컬어 청춘이라고들 한다. 하지만 많은 사람들이 자신의 청춘이 언제인지를 모르고 지나쳐 버린다.

우리는 자신에게 주어진 현실과 다른 사람과의 생활을 비교하며 스스로 주눅 들어 자신의 가능성을 닫아 버리곤 한다. 이런저런 핑계로 미루다 보면 어느새 청춘은 저만치 끝이 보이는 듯하다. 나이가 조금 들어 이제야 뭔가 해보고 싶을 땐 이미 늦다.

사실 이번 여행을 다녀오기 전 나는 너무 현실에만 묻혀 살고 있었다. 무언가 변화가 필요하다는 생각에 여행 준비를 시작하긴 했지만 그 와중에도 '내가 과연 잘하고 있는 것인가?'에 대한 답은 얻지 못한 채 결국 여행을 떠나게 되었다.

신기하게도 중국에 도착하니 오히려 자전거 여행에만 집중하게 되고 하루하루 목적지만을 생각하다 보니 답답했던 현실은 까맣게 잊고 지내게 되었다. 여행 중 가장 좋았던 것은 바로 지금 주어진 현실에만 몰입할 수 있다는 것이다. 사람들이 흔히 '하루하루에 충실하자'라고 말하곤 하는데, 이번에 그 깊은 뜻을 몸소 느낀 것 같다.

결국 청춘은 나이와 시기로 결정되는 것이 아니었다. 지금 이 순간에도 열정적으로 도전하고 설렐 수 있는 무언가가 있다면, 지금이 바로 우리의 청춘인 것이다. 성훈

한국으로 돌아가는 위동페리 위의 밤하늘은 달과 구름의 조화로 장관이 연출되고 있었다. 한없이 밝은 달 때문인지, 돌아간다는 설렘 혹은 아쉬움에서인지 우리는 쉽사리 잠들지 못했다. 사진을 보며, 영상을 보며 추억을 되새기고, 서로에게 편지를 써 직접 말하지 못한 마음을 전하기도 했다. 서로에게 섭섭하기도 했고, 감사하기도 했던 우리의 복잡한 마음을 짧은 편지로 다 표현할 수는 없지만 말하지 않아도 느낄 수 있을 정도로 우리는 가까워져 있었다.

수시로 찢어지고 지퍼가 터지는 패니어, 저렴한 자전거, 조그마한 캠코더, 어깨 끈이 떨어진 배낭 등 열악한 조건을 가지고 사막과 산맥을 넘어 4,000km

를 달려온 우리였다. 그 누구의 도움도 없이 이겨냈다는 생각에 더욱 자랑스러울 따름이다. 우리는 유쾌했던 지난 길을 되돌아보며 잠을 잊은 채 떠들고 있다. 우리의 말도 안 되는 여행의 마지막 밤은 그렇게 깊어갔다. 회윤

실크로드 여행은 또 한 번의 치열한 가르침이었다. 내가 그동안 배웠던 것과 나의 생각을 우리 팀 대원들에게 가르쳐 주고 와야겠다는 생각으로 떠났던 여행에서 나는 오히려 더 많이 고민하고 더 많은 것을 배워 왔다. 그중에서도 특히 인간관계에 대해서 많은 것을 성찰하고 배우는 계기가 되었다.

실크로드를 다녀온 후 1년이 다 되어가는 지금까지도 이에 대해 꾸준히 느끼는 바가 있다. 하지만 아직도 스스로에게 갇혀 있는 기존의 잘못된 틀과 관행을 조금씩 깨트리고 실천하여 나가는 데 있어 많은 어려움을 겪고 있다. '다만 실천할 뿐이다'라는 말처럼, 앞으로 뜻을 가지고 조금씩 실천해나가 스스로를 변화시킨다면 이는 실크로드 여행이 내게 주는 가장 큰 선물이 될 것이다.

청춘이 아픈 이유는 고민만 하고 실천하지 않는 데 큰 원인이 있다. 실크로드 여행을 통하여 나의 한계와 맞닥뜨리고 나의 현주소를 깨닫고 왔으니 이제 내 청춘의 남은 과제는 '다만 실천하는 것' 그뿐이다. 수현

이젠 일상으로 돌아갈 시간이다. 기차로 단 하루 정도의 거리를 50여 일에 걸쳐 자전거로 달렸던 이유를 생각해본다. 실크로드는 호기심을 해소하기 위한 도전의 길이기도 했지만 동양과 서양, 서로 몰랐던 사람들 간의 교류, 소통의 길이기도 하였다. 이곳에서 우리는 과거 유적 혹은 처음 보는 문화뿐만이 아니라, 자기 스스로와 그리고 함께한 동료와 충돌하고 섞이며, 성장하였다. 그렇게 우리는 실크로드팀이라는 이름을 얻었다.

함께 웃었던 순간들, 함께 걸었던 순간들은 이제 추억으로 남아 우리를 성장시키는 영양분이 될 것이다. 비록 종착지 카슈가르에 깃발을 꽂을 순 없었지만, 실크로드는 우리의 땀과 열정을 기억할 것이다.

만 권의 책을 읽고 만 리의 길을 가는 만리행, 책으로는 넘을 수 없는 벽을 넘게 해준 만리행에 감사의 뜻을 전한다. 종현

靑春

청춘, 푸르고 따뜻한 봄이라기엔 생각보다 막막하고 아프다.

그래서 택한 실크로드 여행.

길을 걸어보는 것만큼이나 좋은 돌파구는 없기에

숨이 차오를 만큼 열심히 달렸다.

하지만 여행에서 돌아온 후 변함없는 일상은

나의 여행을 돌파구가 아닌 도피처로서 그립게 했다.

그러나 모든 것이 정리되고 실크로드가

완전히 내 몸에 스며든 지금 실크로드는 내 인생의 나침반이 되었다.

목숨을 걸고 실크로드를 걸었던 이들의 발자취가

누군가에게는 길이 되었듯

우리가 지난 55일간 달렸던 여행의 발자취가

또 다른 청춘에게 길이 되어 주었으면 좋겠다.

원정 이후 우리는 책 출판 작업을 했고, 영상제작발표회를 했으며, 〈세상은 넓다〉라는 TV프로그램에 출연하고, 환경부장관상을 수상하는 등 많은 결실을 맺었다.

여행은 준비하면서 한 번, 길 위에서 한 번, 다녀와 배낭을 풀면서 한 번이라고 한다. 우리는 이 세 번째 작업을 상당히 다각도로 진행했고 생각 이상으로 큰 수확을 거둘 수 있었다. 그리고는 각자의 삶으로 돌아갔다.

여전히 청춘은 '-ing'

대장 **이종현**

대장으로서 원정 내내 짊어졌던 짐을 내려놓고 쉬는 시간을 가졌다. 공자아카데미에서 중국어 수업을 듣고 전액 장학생으로 선발되어 하얼빈에서 어학연수를 하고 한국으로 돌아왔다. 개인적으로 힘든 시간도 있었지만 가족과 친구들, 그리고 마음 깊은 여자친구가 있기에 이겨낼 수 있었다.

이제는 대학생활도 마지막 한 학기를 앞두고 있다. 아직은 졸업 후의 삶에 대해 정해 놓은 바가 없어 삶에 대한 고민과 생각을 이어가고 있다. 매일의 해가 뜨면 충실히 즐겁게 살아가며 삶을 탐구한다. 답은 없지만 나의 청춘은 여전히 '-ing'다.

책 한 권이 우리에게 가져다 준 선물

부대장 **김수현**

아무리 좋은 기억도 시간이 흐르면 서서히 잊히기 마련이다. 2011년 여름, 우리는 실크로드라는 같은 시간과 공간 속에서 수많은 느낌과 경험을 때로는 같이, 때로는 서로 다르게 각자의 기억으로 남겨 두었다. 원정을 다녀온 후, 지금이 아니라면 앞으로 이를 꺼내어 같이 공유하기가 더 어려워질 수도 있겠다는 생각이 들어, 우리의 여행기를 포토북으로 만들 것을 제안하였다. 근 1년간 학업과 출판 작업을 동시에 진행하며 때로는 고생스러웠지만, 글과 사진 속에 담긴 생생하고 진솔한 이야기들은 내게 큰 힘이 되었고, 그로 인해 여행을 통해 얻은 의미를 다시 한번 되새겨 보는 귀중한 시간을 가질 수 있었다. 이렇게 해서 만들어진 두 권의 스탑북과 이로 인해 얻게 된 정식 출판의 기회는 남들에게 우리의 여행 이야기를 들려주기에 앞서, 우리 대원 12명이 앞으로 함께 평생 공유할 수 있는 너무나 소중한 기억의 끈을 만들도록 도와주었다. 우리 각자에게 주어진 길을 열심히 살아가다가 힘이 들 때 한번쯤 되돌아보고 미소 지을 수 있는 추억과 사람들이 있다는 것, 너무 감사한 일이다!

여행이 끝난 지 2년이 지난 지금, 스스로의 부족함에 대해 많은 고민을 안은 채 살아가고 있지만, 꾸준함과 성실함을 목표로 그저 걸어가고 있는 중이다.

박지수

실크로드 여행 이후 학교 해외봉사활동 프로그램을 신청해 높은 경쟁률을 뚫고 인도로 봉사활동을 다녀왔다. 중국과 더불어 dynamic no.1으로 꼽히는 인도까지 다녀오며 고생도 많이 했지만 쉽게 얻지 못할 경험을 하고 돌아왔다. 귀국 후에는 미국 교환학생을 준비하여 6개월간 미국에서 수학하고, 곧바로 스페인 교환학생을 신청하여 현재는 마드리드 근처에서 스페인 생활을 만끽하고 있다.

스페인에서는 하루는 행복했다가, 하루는 힘들었다가, 또 하루는 한국에 가고 싶다가, 하루는 스페인에서 영영 살고 싶은 나날의 연속이다. 인생의 가장 핫(hot)한 청춘을 보내고 있지만 귀국 후의 삶은 아직 미지수다.

김명준

중국에서 배를 타고 한국에 돌아오니 어느새 여름방학도 며칠 남지 않았다. 뭔가 쉬기는커녕 고생만 잔뜩 하고 돌아온 것 같았지만 전혀 후회되지 않았다. 오히려 수많은 추억들이 내 머릿속에 있다 보니 행복한 웃음이 멈추질 않았다. 특히 대학생이 되면 배낭여행을 하겠다던 나의 야심찬(?) 꿈이 벌써 이루어졌다는 생각에 뿌듯한 마음이 한가득이었다.

나의 신학기는 새로운 여행이 아닌 실크로드의 연장선이었다. 마지막 피날레로 영상발표회와 책 만드는 작업이 남아 있었다. 아직 사그라지지 않은 열정과 추억, 그리고 나도 모르게 몸이 기억하고 있던 것들까지 최대한 끄집어내야겠다는 생각에 2학기 내내 노트북과 메모장을 끼고 다니며 기억나는 것들을 써 내려갔다. 게다가 뜻하지도 않게 동아리 회장을 맡게 되어 동아리 생활에만 전념하는 한 학기가 되었다. 그런데 정말 신기하게도 전공과 동아리는 완전 별개가 아닌 상호보완적 관계였다. 중국에 있을 땐 내 전공인 경영을 살려 회계장부를 작성하였고, 전공 시간에는 여행 경험을 바탕으로 수많은 좋은 아이디어를 내 놓을 수 있었다. 낮에는 동아리 활동에 매진하고, 밤에는 새벽 1시까지 공부하며 몸은 녹초였지만 정말 '살아 있다'는 느낌을 받았다.

일 년이 흐르고 다시 찾아온 방학, 만리행 모로코팀에 참여하게 됐다. 아프리카 대륙과 중동, 유럽 사이의 신비한 나라 모로코. 세계정복을 하겠다던 나의 꿈에 큰 밑거름이 될 것 같아 얼른 지원했다. 그렇게 한 달을 또 치열하게 다녀온 나는 현재 나라의 부름에 응해 병역의 의무를 성실히 이행 중이다. 가끔은 군대라는 곳이 정말 갑갑하게 느껴지고 심지어 미칠 것 같을 때도 있다. 하지만 한 걸음 뒤로 물러나 스스로를 바라보고 성장할 수 있다는 생각에 감사한 마음으로 살아가고 있다.

삶 속에서 구법의 길 걷기

최재두

취업을 했다. 직장에서 배울 것이 많아 즐겁고, 예쁘고 착한 여자친구까지 생겨 행복한 나날을 보내고 있다. 늘 책 속에서 인생의 답을 얻고자 노력하기에 여전히 책을 읽고 있고, 실크로드에서 얻은 교훈을 통해 한층 성숙해지고 있다. 실크로드는 끝났지만 삶 속에서 여전히 구법의 길을 걷고 있다.

실크로드 여행 1년 9개월 후, 나는 여전히 달려야 한다

정성훈

피곤한 눈을 달래가며 컴퓨터 앞에 앉았다. 직장인이 된 후로 확실히 몸도 피곤해지고, 마음의 여유도 없어졌다. 실크로드 여행기를 쓰자는 이야기는 들었지만, 도무지 컴퓨터를 켜고 글을 쓸 의욕은 나지 않았다. '그래, 나는 다시 현실을 살고 있구나. 실크로드는 무슨, 지금 당장 일하는 것도 버거워서 허덕이고 있는데……'

그렇게 나는 어느새 실크로드를 갔던 우리의 추억을 잊고 있었다. 실크로드 여행은 나에게 어떤 의미를 지녔던 것이었을까? 예전에 내가 썼던 글을 다시 떠올려 본다.

"아직 살아가야 할 날이 훨씬 많은 나로서, 내 인생에서 극복해야 될 가장 큰 문턱을 이번 여정을 통해 넘을 것이다."

비록 만리행의 일원으로 동생들이 짜놓은 일정에 숟가락만 올리는 수준이었지만, 나름 거창한 의미를 부여했다. 그래, 그때도 여전히 지금과 같은 고민을 하고 있었다. 하지만 나는 결국 여행을 떠났고, 55일간의 여행을 마무리했다. 비록 미흡한 점도 많았지만, 팀원들에게 숙소와 식당을 제공하며 내 역할을 해냈다. 여행 중의 내 모습은 앙상하게 살이 빠져 가련했다. 하지만 나는 부들거리는 다리로 계속 페달을 밟았고, 두 다리는 여행을 마칠 때까지 튼튼하게 내 몸을 지탱해 주었다.

여행을 마치고 한국에 들어온 뒤, 나는 내 다리에 대한 생각을 바꾸었다. 비록 약해졌지만 계속 단련하면 강해진다. 그리고 이 다리로도 충분히 내 남은 인생을 달릴 수 있다. 어차피 인생은 남보다 빨리 가는 것이 아니라, 자신의 길을 완주할 수 있냐가 중요하다는 것을 잊지 말자.

직장생활을 시작한 지 어느덧 9개월차. 공교롭게도 내가 지금 회사에 입사한 날짜는 실크로드 여행 출발일자와 같은 6월 25일이다. 비록 우연이지만, 나는 여기 나름 의미를 부여한다. 실크로드로 떠났던 그때처럼, 나는 이제 외로이 사회에 뛰어들었다. 여행을 떠날 당시 혼란스럽고 힘들었던 것처럼, 지금 또한 불안하지만 하루하루 힘차게 나아가고 있다. 우리가 여정의 중간중간 푸른 하늘을 바라보며 행복해했던 것들처럼, 우리 생활 속에서 하늘을 바라보며 웃을 수 있는 날이 올 것이라 믿는다. 아니, 그렇게 할 것이다.

만리행 이후 어디로 가야 하나

김은혜

원정에서 돌아오고 일주일 뒤 졸업했다. 실크로드를 함께했던 친구들이 모두 학교로 찾아와 졸업을 축하해 주며 행복하게 대학생활을 마무리했다. 실크로드 원정에서 얻은 자신감으로 구직시장에 뛰어들었지만 취업난에 봉착한다.

취업하고 3일 만에 첫 회사를 나왔다. 힘들고 답답한 생활을 감수하며 다닐 만한 가치를 찾지 못했기 때문이다. 그 후 여러 차례 면접을 보며 상당한 공백기를 가졌다. 그리고 몇 개월 뒤 나는 현실과 타협한 직장에 합격했고 지금까지 1년 정도 다니고 있다.

지금 직장은 적당히 일하고, 적당히 돈 벌 수 있는 상당히 괜찮은 곳이다. 그런 회사의 특성을 살려서 이번 책 작업을 맡겠다고 했고 회사생활도 유지하기로 했다. 일반회사면 어림도 없는 일임을 알았기에 다른 일을 더 이상 알아보지도 않았다. 우리 책이 세상에 나올 수 있다는 것 하나만으로도 내가 잠시 내려놓는 이 시간은 전혀 아깝지 않았다.

만리행이 인생의 답을 주진 않는다. 답은 결국 내 안에 있는 것이고, 그 답을 찾기 위해 노력할 뿐이다. 이제는 수많은 상념을 털어버리고 대만으로 가려 한다.

'여행 후, 가슴속 열병과 돌아온 일상'

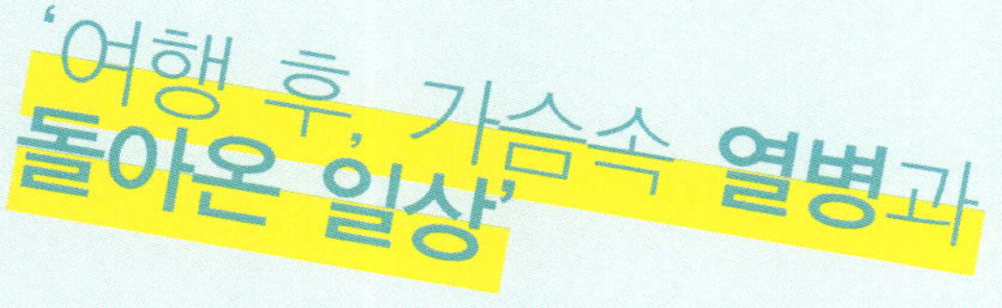

김진우

귀국 후 학교생활로 돌아왔다. 열심히 학교를 다니는 재학생 신분이다. 여행 전 가져갔던 고민은 고스란히 짊어지고 왔다. 아직도 해결된 건 없다. 오히려 여행의 후유증으로 한동안은 여행의 열병에 시달려야 했다. 이제는 실크로드를 달리던 게 옛날 일인 것만 같다. 황무지도, 비포장도로도 겁없이 달리던 패기는 도대체 어디로 사라진 것인가?

요즘은 학교, 알바, 혼자만의 시간. 또다시 예전의 삶과 같은 나날이 이어질 뿐이다. 다만 지금도 가끔씩 실크로드 사진을 볼 때면 그날의 기억들로 피식 웃으며 하루의 비타민이 될 때가 있다. 하지만 이게 계속 유지되지 않는 한 또 다른 동력이 필요할 것 같다.

아직 3학년. 나이에 비해 학년이 낮은 걸 보고 주변 사람들은 부럽다고 하지만 나는 잘 모르겠다. 나이는 들었는데 여전히 학생신분으로 정체되는 건 아닌가 싶기도 하고……. 주변의 형들은 만리행 한 번 더 다녀오라고 하는데 갔다 와야 하나 싶기도 하고 어디로 가야 할지 잘 모르겠다.

아직은 좀 더 고민해도 되지 않을까

김선호

2011년 여름, 열심히 달렸다. 만리행은 영상과 책 출판작업으로 과분하리만치 많은 사랑과 결실을 얻었고 다시 강원도로 돌아왔다. 나 홀로 자취를 하며 학교로 복학해 조용히 학교 수업만 들으며 하루하루 살아가고 있다. 나는 아직 3학년이다. 그러니 좀 더 고민해도 되지 않을까? 오늘도 혼자 맥주 한 캔을 딴다.

쭉쭉 뻗을 일만 남았다

김형근

영상제작을 하면서 방학을 다시 한번 '빡세게' 보냈다. 만리행의 여행은 도대체 언제 끝나는 걸까.

영상제작을 마치고 학교생활로 돌아갔다. 방학 사이 동기 중엔 중국에 단기 어학연수를 다녀온 아이들도 있었고, 여행을 다녀온 아이들도 있었다. 중국에서 피자헛에

254

전화를 걸어 배달해본 에피소드를 엄청난 무용담처럼 이야기를 나누고 있는 아이들을 보고 있자니 나의 실크로드 원정이 주마등처럼 지나갔다.

얼굴이 원래 까만 편인데 이번 원정을 다녀오며 더 까맣게 타고 살이 빠졌다. 다들 어디 다녀왔냐고 해서 그냥 중국에 자전거 여행을 다녀왔다고 했다.

지금은 카투사로 군 복무 중이다. 실크로드팀에 워낙 열심히 살아온 선배들이 많아, 피가 되고 뼈가 되는 대학생활과 인생에 대한 조언을 많이 받아 왔다. 이제 제대 후에는 그 조언에 나의 추진력을 합쳐 쭉쭉 뻗어나갈 일만 남았다.

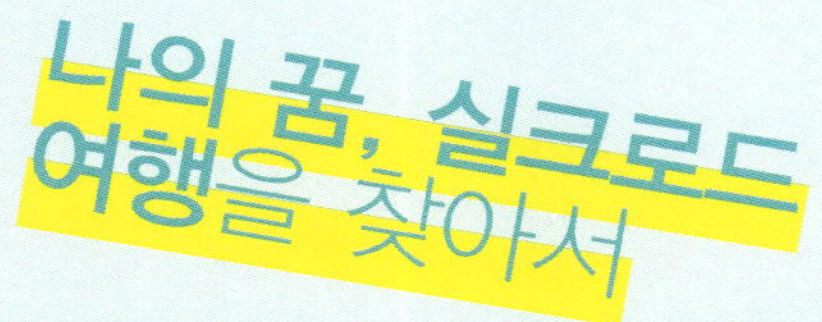

정회윤

'꿈'꾸고 있던 실크로드 원정 후 잠시 꿈을 접은 채 KOTRA 인턴을 거쳐 현실과 타협한 직장에 입사했다. 입사 이틀 전, 노스페이스 드림장학생에 뽑혀 '꿈'을 이야기하는 캠프에 갔지만 곧 '사회인'이 될 나는 괴리감에 빠졌더랬다. 그렇게 '나의 꿈'이 존재하지 않는 3개월 만에 그만두고 지금은 국내 1위 여행사에 입사했다. 실크로드 여정처럼 내 인생의 여정 또한 사막 끝에 오아시스를 만나듯 그렇게 행복한 삶이 이어지고 있다.

내 삶의 실크로드는 이제 시작이다. 아직은 멀게 느껴지는 종착지를 향해 오늘도 힘차게 페달을 밟아본다.

여행을 꿈꾸는 이들에게

꼭 떠나는 것만이 여행이라고는 생각하지 않는다. 우리가 사는 삶 자체가 여행이기에 하루하루가 모두 여정의 연속인지도 모른다. 다만 이러한 매일의 삶에 지칠 때 우리는 떠나는 자신의 모습을 상상하곤 한다.

그러나 우리는 떠나지 못한다. 그것은 시간, 돈, 떠날 용기, 일터, 가족, 책임져야 할 많은 것들로부터 기인한다. 그러나 가장 큰 것은 우리가 포기하지 못하는 안전망이 아닐까? 매달 꼬박꼬박 들어오는 월급과 나의 위치 그리고 남들이 내 나이에 나에게 바라는 일이 아닌 내가 하고 싶은 일을 좇는 데 대한 사람들의 시선, 지금 누리는 것을 포기해야 할지도 모르는 위험부담. 우린 여기에서 자유롭지 못하다. 이러한 안전망으로부터 자유롭기만 하다면 사실 누구나 떠날 수 있다.

그러나 이 책은 '우리도 했으니, 당신도 해 봐!'라고 잘난 척하며 무조건 여행을 떠나는 것이 답인 양 끝나는 책이 아니다. 실제로 우리의 삶은 무작정 떠나기엔 발목을 붙잡는 것들이 많기에……

다만 내가 새로운 모험을 떠날 수 없다면 그 땐 우리들처럼 여행을 대신 다녀온 사람들의 책을 읽으며 그 그림 속에 자신을 넣어보는 건 어떨까?

떠날 수 있는 자는 용기있게 떠나고, 떠날 수 없는 자는 여행을 꿈꾸며 현실과 맞추어 살아가면 된다. 그저 그 과정 속에 우리의 이야기가 작은 활력소가 되길 바란다.

무엇보다 대단한 여행은 무조건 떠나는 것이 아니라, 매일 주어지는 삶에서 도망치지 않고 오늘 하루도 묵묵히 보낸 당신의 오늘이다.

가장 훌륭한 시는 아직 씌어지지 않았다
가장 아름다운 노래는 아직 불려지지 않았다
최고의 날들은 아직 살지 않은 날들
가장 넓은 바다는 아직 항해되지 않았고
가장 먼 여행은 아직 끝나지 않았다
불멸의 춤은 아직 추어지지 않았으며
가장 빛나는 별은 아직 발견되지 않은 별
무엇을 해야 할지 더 이상 알 수 없을 때
그때 비로소 진실로 무엇인가를 할 수 있다
어느 길로 가야 할지 더 이상 알 수 없을 때
그때가 비로소 진정한 여행의 시작이다

나짐 히크메트의 〈진정한 여행〉

자전거 여행 Tip

1 여행 루트
짜기

일단 내가 가고 싶은 나라를 정하고, 지역과 루트를 짠다. 되도록 정치적으로 안정돼 있고, 치안이 잘된 나라를 선택한다. 나라를 일단 정하고 나면 그 안에서 어떤 식으로 짜느냐는 자기 마음대로다. 그러나 반드시 고려해야 할 몇 가지 사항이 있다.

✠ 주위 환경과 날씨

주위 환경이라 함은 숙소와 식사가 보장되는 도시의 유무와 자연환경을 합친 것이다. 도로와 날씨 상태에 따라 다르겠지만, 보통 하루 평균 주행거리는 100~200km 정도를 잡는데, 비포장도로 혹은 사막지대의 연속이라면 주행 자체가 고역이다. 만일 이러한 코스를 역풍까지 맞으며 달린다면 하루에 60~80km만 가야 할 때도 있다. 반대로 숲이 우거진 시원한 지대를 지나고 포장도로 위를 달린다면 상쾌하고 편안한 라이딩이 된다.

미리 그곳에 가보지도 않고 주변 환경이 어떨지, 날씨는 어떨지, 중간에 어디를 목표점으로 잡아서 쉬어갈지 어떻게 정할 수 있을까? 이는 사전 수집한 정보와 지도를 통해 지형과 지리적 특성을 파악함으로써 어느 정도 해결할 수 있다.

한국에서 현지 도로교통지도를 구할 수 있다면 사전 루트를 짜는 데 있어 가장 정확한 방법이 될 수 있다. 그러나 대부분은 그렇지 못한 상황이기에 그냥 일반 지도를 준비하고 미리 그 지역을 다녀온 여행가들의 흔적을 찾아보며 참고한다. 여행서적이나 자전거 여행 카페 혹은 개인 블로그에 많이 올라와 있으므로 참고하면 된다. 지형을 좀 더 알고 싶다면 Google Earth를 활용하는 것도 하나의 방법이 될 수 있다. 요즘은 시대가 좋아져 현지에 도착 후 현지 SIM카드를 구매해서 스마트폰에 장착하여 Google map이나 GPS를 활용해도 될 것이다. 우리 팀의 경우 중국에 살고 있는 선배에게 부탁하여 미리 중국 도로교통지도를 공수받았다. 두툼한 지도를 놓고 우리가 갈 루트를 찾아 도로의 이름을 파악하고 여행을 계획해서 어느 정도 길을 예상하고 갈 수 있었다. 그러나 정확한 건 사실 가 봐야 안다.

✳ 바람

편서풍과 무역풍을 잊지 말아야 한다. 바람의 방향이 뭐 대수냐 싶겠지만 막상 달려보면 바람이 가장 중요하다고 꼽을 정도로 여행의 큰 변수가 된다. 역풍이 심하면 자전거를 타고도 걷는 수준의 시속 5km가 나오기도 하고, 순풍을 받아서 날아가면 시속 50km도 나온다. 바람은 편서풍과 무역풍뿐만 아니라 계절풍, 지역적 특성에서 오는 일시적인 강풍, 계곡에서 불어오는 바람, 옆에 달리는 차들로 인한 바람, 강가의 바람 등 그 종류가 다양하여 정확하게 어디서 어떤 바람이 불어닥칠지 100% 예상할 순 없다. 그러나 가장 큰 바람의 흐름인 편서풍과 무역풍은 크게 변하지 않으므로 전

제로 깔아놓고 대략적으로 앞으로 달리게 될 도로가 처한 상
황과 지역적 특성을 미리 파악한다면 생각지도 못한 역풍을
만날 확률을 줄일 수 있을 것이다.

✠ 관광지

주위 환경을 고려하는 동시에 들르고 싶은 관광지를 넣어
준다. 관광지는 두 가지 의미를 갖는다. 볼 만한 가치가 있
는 관광지를 찾는 자체로서의 의미와, 주행에서 지친 심신
을 위로해주는 의미. 자전거 여행이라고 해서 무조건 황무
지만 달려야 하는 건 아니니까 즐겁게 즐기는 여흥을 중간
중간에 넣어주는 것도 좋다. 도시를 중간에 들러서 음식도
원 없이 먹고, 자전거 수리와 필요물품을 공급하고 마음의
여유를 찾는 시간을 가질 수 있다. 특히 팀 단위로 간다면
모두의 의견을 최대한 반영하여 불만 없는 즐거운 여행이 되
도록 관광지를 적절히 배치하자.

✠ 숙박문제

숙소는 주로 즉석에서 잡는다. 호텔, 여관, 민박, 유스호
스텔, 캠핑장, 그냥 자체 야생 캠핑, 마을주민 집 신세 등 그
형태는 다양하다. 미리 예약을 하고 가야 하는 유럽의 유스
호스텔도 사실상 우린 예약하고 갈 수 없다. 자전거 여행의
특성상 언제 어디에 도착할지 100% 보장할 수 없기 때문이

다. 그냥 그날 도착하는 도시에서 바로 해결해야 한다. 운이 나빠 비박을 해야 할 경우엔 동네 공원이나 평지에 자리 잡고 캠핑을 하는 수밖에 없다.

여행을 가는 지역과 본인의 예산 및 여행 스타일에 따라 숙박문제는 많이 달라진다. 예를 들어 앞으로 600km가 마을 하나 없이 무조건 달려야만 다음 도시가 나온다면 약 3~4일은 자체적으로 모든 걸 해결해야 함을 의미한다. 캠핑을 계속 해야 하는 상황은 그 환경에 따라 즐거울 수도 매우 불쾌할 수도 있다.

유럽이나 일본과 같이 도로 자체가 잘 정비되어 있고, 캠핑장이 곳곳에 있다면 캠핑하는 데 큰 무리가 없을 것이다. 유럽팀은 원정 2/3의 밤을 텐트에서 보낼 만큼 비박을 많이 했는데 그만큼 갖춰진 캠핑장이 있었기에 가능한 일이었다. 일본팀 대원들은 간간이 목욕탕과 온천에서 씻고 편의점에서 도시락과 맥주를 사다 텐트 안에서 마시면 그게 그렇게 좋았다고 한다. 그러나 실크로드에서 만난 치롄산맥, 천산산맥, 황무지의 연속은 그렇지 못했다.

또 한 가지 숙박문제의 열쇠는 비용이다. 유럽과 일본팀이 상대적으로 잘 갖춰진 환경에서 캠핑을 했다곤 하지만, 사실 현지 숙박비가 비쌌기 때문에 캠핑을 더 많이 이용한 것도 있다. 반대로 중국 실크로드팀은 열악한 환경 속에 달리긴 했지만 일단 도시만 들어가면 상대적으로 저렴한 가격에 숙소를 잡을 수 있었기에 대부분의 밤은 3성급 호텔에서 묵을 수 있었다. 해당 지역의 물가와 주변 환경을 모두 고려하여 주행 루트를 짜면 자신의 여행에 맞는 여행 경비와 루트가 잡힐 것이다.

2 여행 전 준비

비행기 티켓 및 비자 준비

세계 자전거 여행인 만큼 여행 준비는 비행기 티켓으로 시작된다. 우리가 주로 가는 여름은 늘 성수기이기 때문에 비행기 티켓은 2~3개월 전에 미리 준비하는 게 좋다. 팀원 모집은 사실상 이때 결정 난다고 봐도 과언이 아니다. 꼭 여름이 아니더라도 여유 있게 1~2개월 전에는 티켓을 확보하는 것이 안정적으로 여행을 준비할 수 있는 시작점이 될 것이다.

우리 팀의 경우 여행박사의 후원으로 중국 왕복 페리 티켓을 받고 다녀왔다. 보통은 비행기가 익숙하지만 배를 타고 중국을 간 건 처음이라 신선한 경험이었다. 배를 타고 가서 좋은 점 중 하나는 경비를 대폭 줄일 수 있다는 것과 자전거를 분해할 필요 없이 그대로 들고 갈 수 있다는 것이었다.

무비자 입국이 가능한 국가가 아니라면 미리 비자를 받도록 준비하고, 여권의 유효기간이 넉넉한지 살펴보고 여행이 장기화될 예정이라면 미리 여유 있게 여권과 비자를 발급받아 놓도록 한다.

✦ 필요물품 준비

필요물품으로는 자전거, 일체 부대물품과 주행 및 여행에 필요한 개인물품들이 있을 것이다. 개인마다 가감되는 부분이 있겠지만 자전거 여행에 있어 필수불가결한 아이템만 뽑아서 해당 물품 리스트를 표로 정리해 보았다.

자전거 여행 경험이 많은 라이더들의 리스트는 더욱 풍성하겠지만 이 책은 아마추어 자전거 여행자들을 위해 쓰인 만큼 우리의 수준에 맞추어 적어놓았다. 자전거 고르는 법은 인터넷 자전거 여행 카페나 관련 서적 및 자전거 가게를 통해 본인에게 맞게 알아보는 것이 정확하다. 기본적으로 자전거는 자기 신장(키)과 여행 목적에 맞는 걸 구입하면 된다.

자전거 여행에 필요한 물품 리스트

아이템	용도
자전거	자전거 여행이니까
헬멧	머리와 생명 보호를 위해
패니어	나의 모든 짐을 실을 저장소
방수포	비, 흙탕물로부터 패니어 보호
스탠드(짐받이)	패니어를 실을 때 사용
고무줄 끈	튀어나온 짐 몽땅 끈으로 묶기. 빨래끈 겸용
전조등	야간에 앞길을 밝혀준다
후미등	뒤 차에 나를 알림
속도계	속도와 주행거리 확인
벨	주행 신호
바엔드	장시간 주행 손목 피로 완화
물통 게이지	물통을 꽂자
물통	한 손으로 뽑아 마시면 편하다
잠금장치	자전거 보호
펑크패치 세트	펑크를 고치자(뒤에 상세설명)
예비 튜브	펑크 난 튜브 교체

육각렌치 및 공구	자전거를 고쳐야 할 모든 상황에 유용
휴대용 펌프	바퀴에 바람 넣음
체인 오일	기어 변속을 부드럽게 함
수리용 장갑	손에 검은 기름 묻는 것 방지
주행복 바지	주행 시 충격 완화
버프	각종 해충, 먼지로부터 입을 보호
고글	태양과 먼지, 바람으로부터 눈을 보호
주행 장갑	손 보호
가벼운 신발	주행 페달링을 가볍게
선크림	최소한의 피부관리
캠핑장비	캠핑을 해야 할 때
침낭	캠핑 시 춥지 않게
지도	길잡이
여행책자	관광 가이드
속옷 및 여벌 옷	옷 갈아입어야지
수건 및 세안도구	청결 유지
라이터	캠핑 시 불을 지펴야 할 때
맥가이버 칼	각종 상황에서 유용
카메라, 캠코더	여행의 기록 남김
노트북, 저장장치	부담되면 생략 가능
노트 및 필기구	일기, 감상, 여행 중 기록
보온 점퍼	일교차, 추위로부터 보호
여권 및 비자 사본	여권 분실에 대비
상비약	먹는 약, 바르는 약, 개인 약
국제카드, 현금	돈은 적절하게
학생증	(해당된다면) 관광지 입장료 할인
성경, 마음의 양식	영혼의 위로 및 종교생활
음악	여행의 벗
mp3, 폰 홀더	자전거에 고정하여 듣기
스피커	노래를 안전히 들을 수 있음
지퍼백	비, 흙탕물, 먼지로부터 모든 물품 보호(의외로 요긴하다. 강추)
수분크림 및 팩	지친 피부를 달래줌
배낭, 색	관광 및 각종 짐 이동 시 필요
물티슈	물 대용으로 샤워까지 가능
한국 돈	현지인들과 교환(일종의 기념)
한국 기념품	현지인들에게 한국을 알림

주행복 상의

　주행복 상의 뒤쪽에는 주머니가 있는데, 이 주머니는 간단히 화장지, 미니지갑, 주행 중 먹을 사탕 등을 넣기에 유용하다. 꽤 튼튼하고 커서 윈드재킷을 돌돌 말아 넣고 다니거나 심지어 500mL 물통도 넣을 수 있어 필요할 때마다 마실 수 있다. 주행복은 대부분 땀 배출이 잘되고 금세 마르기 때문에 하나쯤은 준비하는 것이 좋다.

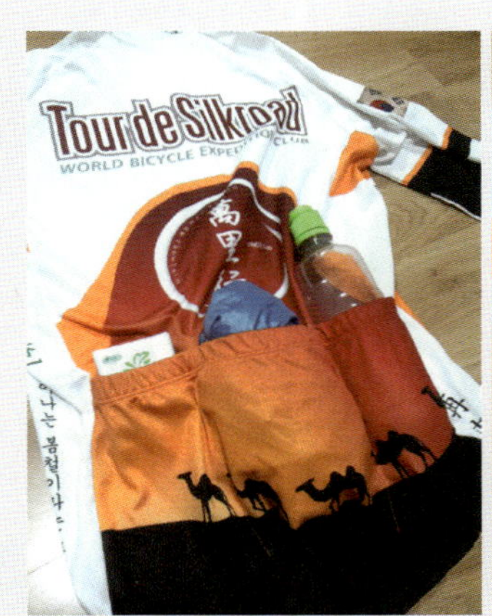

주행복 하의

　엉덩이 실리콘 패드가 잘되어 있는 것으로 구입한다. 무릎 위까지 오는 짧은 것과 긴 바지가 있는데, 긴 바지를 추천. 짧은 바지를 입으면 정확히 허벅지 선에서 살이 탈 수 있다. 주행복 소재 자체가 시원한 소재기 때문에 주행복 위에 물 뿌리고 달리면 시원하고, 선크림을 바를 필요도 없으니 일석삼조다.

버프

　바람을 가르며 달릴 때 각종 벌레와 모래, 먼지로부터 보호해주는 것이 주 역할이지만, 버프를 눈 바로 밑에서 목까지 두르고 달리면 얼굴이 탈 일이 전혀 없어 선크림 대용도 된다. 여기에 캡모자를 헬멧 안에 쓰면 햇빛 가리개도 되고 헬멧을 벗었을 때 눌린 머리의 민망함을 겪지 않아도 된다.

고글

　눈 보호를 위해 필요한데, 시력이 안 좋아서 안경을 껴야 하는 경우엔 미리 도수 있는 렌즈를 맞춰가는 것이 좋다. 사진에 보이는 투명렌즈가 도수를 맞춘 것인데, 이를 고글 안쪽에 끼면 오른쪽 사진처럼 합체가 되어서 한 번에 쓸 수 있게 된다. 고글은 본인이 써보고 장시간 써도 불편하지 않을 것으로 준비하는 것이 좋다. 전용고글 외에도 간단한 보조장치로 원래의 안경 위에 선글라스를 클립형태로 고정하는 것도 있다. 본래의 자기 안경을 끼고 있고 그 가운데에 선글라스를 끼우면 되기 때문에 언제든지 쉽게 벗고 낄 수 있다는 장점이 있다. 가격도 저렴한 편이다.

윈드재킷

초경량의 얇은 것도 좋지만 방수기능까지 되는 걸 사면 비가 오는 날에도 쓸모 있게 입을 수 있다. 우비를 입으면 주행 중 땀이 차고 더워져서 오히려 비효율적이니 통풍이 잘 되는 윈드재킷으로 방수기능까지 겸해 보자. 사진 속 검은색 재킷은 아웃도어 브랜드의 방풍+방수재킷이고, 파란색은 자전거 주행복 전문 브랜드의 초경량 윈드재킷이다.

　손가락 두 번째 마디까지 재단된 짧은 장갑과 손 전체를 감싸는 긴 장갑이 있는데 각각 장단점이 있다. 짧은 장갑은 손을 적당히 보호하면서 갑갑하지 않게 계속 끼고 주행을 할 수 있는 반면 손가락 끝부분만 까맣게 탄다는 것이 단점이다. 이렇게 탄 손끝은 회복되는 데 1년 이상이 소요된다. 이런 점을 극복하기 위해 긴 장갑을 착용하면 손끝 타는 것과 넘어졌을 경우 손끝 보호가 되는 효과가 있다. 다만, 긴 장갑을 낄 경우 장시간 주행에는 상당히 갑갑한 감이 있다.

양말

　양말은 발목 위를 올라오는 양말을 신어주는 게 좋다. 흔히 말하는 발목양말은 복숭아뼈를 간신히 덮는데, 이렇게 되면 긴 주행복 바지가 발목에서 끝나고 양말이 가리는 복숭아뼈까지의 약 1cm의 틈이 고스란히 타서 이상하게 띠를 형성한다. 따라서 버프를 쓰고 긴 주행복을 입은 후 발목 위까지 올라오는 양말을 바지 속으로 넣어 입고 타면 기나긴 자전거 여행에서 피부를 보호할 수 있다.

보온점퍼

플리스재킷이나 얇은 점퍼 정도가 괜찮다. 야외 캠핑을 할 때도 있고, 산속으로 들어가거나 고도가 높아지면 기온이 급격히 떨어지기 때문에 한여름에 자전거 여행을 가도 보온용품은 반드시 하나 정도 필요하다. 우리 팀은 7~8월에 여행하면서 추위에 떤 게 한두 번이 아니다. 난로도 쬐며 언 몸을 녹였다. 여름에 여행한다고 우습게 봐서는 안 된다.

이러한 부분을 모두 고려하여 탄생한 룩LOOK이 바로 밑의 사진이다. 통풍이 잘되는 긴 주행복 상하의에 버프, 윈드재킷, 엉덩이의 민망함을 가려줄 반바지. 남성 라이더들은 주행복 바지만 입지만 간혹 여성 라이더 중 주행복의 타이트한 모습이 불편하면 반바지를 위에 겹쳐 입으면 된다. 단, 땀이 더 잘 차서 불편하다.

주행 시 종종 체인이 빠지거나 바퀴 펑크를 손보기 위해 손이 더러워지는 경우가 많다. 까만 오일이 손톱 밑에 끼면 절대 안 지워진다. 이를 방지하기 위해 페인트칠해서 파는 면장갑이나 노란 고무장갑(수술장갑처럼 생겼지만 딱 달라붙지 않는 헐렁한 반투명 노란 장갑) 한 벌을 공구와 함께 갖고 다니길 권한다.

지퍼백은 각종 종이문서와 옷, 전자기기를 물로부터 보호하는 큰 역할을 한다. 비를 맞으며 달리다 보면 아무리 패니어에 방수포를 씌워 놔도 스며드는 물을 막을 길이 없다. 이때 중요한 전자기기와 종이류를 지퍼백으로 완전히 밀봉해 놓으면 안심하고 달릴 수 있다. 지퍼백은 한 통 사 가는 게 여러모로 편리하다. 젖은 옷감을 넣어도 되고 먹을 것을 넣어도 된다.

한국 돈 그리고 한국을 알릴 수 있는 상징적인 물건들. 한국 돈의 경우 외국 현지인들이 굉장히 신기해하고 궁금해하는 것이었다. 신기하게 다들 만나면 한국 돈을 보여달라고

했다. 한국인이었지만 중국 여행을 위해 모든 돈을 인민폐로 바꾸어버린 우리는 한국지폐가 얼마 없어 아쉬웠다. 아울러 한국을 알릴 수 있는 작은 소품을 준비하면 더 좋을 것이다. 우리 팀은 한국 국기와 비빔밥·한반도가 그려진 엽서를 자체 제작하여 현지인들과 만날 때마다 교환하곤 했다. 엽서 뒷장은 편지를 쓰거나 연락처를 교환하는 공간으로 활용하곤 했는데, 한국을 소개하며 이야깃거리와 동시에 선물로 줄 수 있어 마음이 뿌듯해지곤 했다. 이렇게 작은 소품으로 한국을 알릴 수 있으면 참 의미 있는 것 같아 좋다.

체력훈련

여행을 가기 전 간간이 집 근처에서 기초체력과 자전거 타는 법을 익히는 것이 좋다. 허벅지의 근육을 키우고 자전거를 타는 호흡과 페달이 일정해지면 현지에서 100~200km를 타더라도 큰 무리가 없다. 일주일에 2~3일 40km 이상 주행을 해주면 적당하다. 코스는 무난한 평지 외에 언덕길 구간을 반드시 포함해야 훈련의 의미가 있다. 언덕길은 초반에 순간적인 스피드로 오르다 힘을 다 쓰면 위로 올라갈수록 체력이 급속도로 소진되며 속도 또한 급격히 저하되니 처음부터 꾸준한 속도로 올라가는 연습을 해주는 것이 좋다.

보통 여자들은 평지에서는 안정적인 페달링으로 남자보다 앞으로 치고 나가는 경우가 많지만 업힐을 만나면 금세 남자들 뒤로 처지곤 한다. 남자들의 근력을 따라가긴 힘들겠지만 팀 단위로 여행을 계획한다면 적어도 나 혼자 심하게 뒤처지지 않도록 평소에 연습을 해두자. 반면 남자들은 꾸준한 페달링과 안정적인 호흡을 연습하는 게 좋다. 본격적인 여행에서는 빈 자전거가 아닌 나의 모든 여행물품을 담은 패니어에 텐트까지 짊어지고 가야 하므로 여행 전 기초체력 훈련과 자전거와 친숙해지는 과정은 필수다.

✳ 예방접종

자전거 여행의 특성상 외국의 산, 강 등 온 지역을 모두 다니기 때문에 풍토병에 노출될 확률이 일반 배낭여행보다 훨씬 높다. 기본적으로 간염예방접종과 파상풍예방주사를 맞는다. 방문국가에 따라 접종항목은 상이하다. 인터넷에서 '국립중앙의료원 해외여행클리닉', '질병관리본부 예방접종 도우미'를 검색한 후 홈페이지에서 국가별 예방접종 항목과 최근 해외동향에 관한 정보를 찾아볼 수 있다. 본인에게 해당되는 항목을 미리 알아두고 의료진과 상담 후 예방접종을 진행하여 안전한 여행을 준비하자.

✳ 언어문제

가장 좋은 건 그 나라의 말을 구사하는 것이겠지만 그렇지 못한 경우가 대부분인 만큼 걱정이 되는 게 사실이다. 그러나 말이 안 통해도 큰 문제는 없다. 하지만 영어가 전혀 안 통할 만한 국가이거나, 자전거 여행의 특성상 시골 산간지역을 많이 들르게 될 경우라면 영어가 통하지 않는다는 전제하에 간단한 현지어를 배워 가면 좋겠다.

3 자전거 다루기

❋ 펑크 때우기

– 펑크패치로 때우기   **준비물:** 펑크패치, 사포, 레버 2개, 본드

1 레버를 풀고 브레이크를 분리하여 바퀴를 뺀다.

2 바람을 마저 빼낸다.

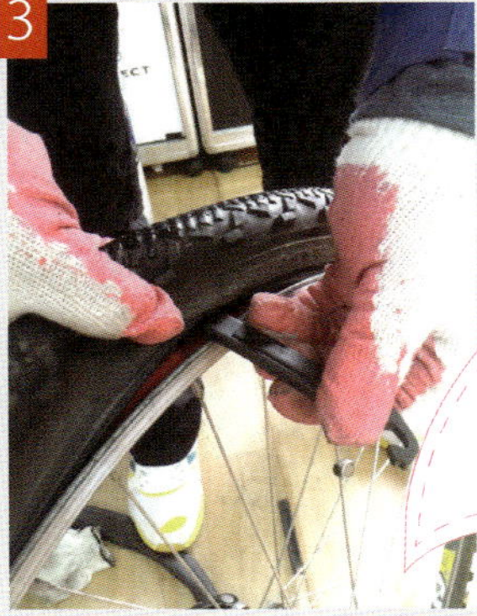

3 레버를 이용하여 바퀴를 분리한다. 바퀴를 한 손으로 젖히고 레버를 틈에 끼워넣는다.

4 처음 낀 레버를 스포크(철사 선)에 고정하고
두 번째 레버를 끼운다. 레버 하나만으로는
바퀴를 빼기 힘들기 때문에 먼저 첫 번째
레버를 바퀴에 꽂고 그 반대편의 갈고리 부분을
스포크에 걸어 고정시킨다.
그리고 두 번째 레버를 끼우는데,
이때 거리를 너무 멀지 않게 약 10cm 내외로 잡는다.
이 이상으로 멀리 잡으면 힘을 받지 못해서
바퀴 빼기가 어려워진다.

5 레버를 점차 벌려 타이어를 분리한다.
10cm 간격에 있던 레버를 들어서
틈을 만든 후,(쉼표 추가) 점차 옆으로 이동시켜
틈을 완전히 벌리고 타이어를 분리시킨다.

6 타이어 안의 튜브를 분리해낸다.

7 밸브에 펌프를 꽂아 에어를 주입하여
펑크 난 부위를 확인한다. 에어를 최대한
많이 넣으면 '푸쉬쉬' 하고 공기가 새어나오는
소리가 잘 들리므로 공기를 많이 넣으면 좋다.
아무리 빵빵하게 넣어도 튜브가 터지지는 않으니
걱정 말자. 간혹 펑크 난 부위가 너무 미세하여
육안으로 확인이 어려울 경우에는 물통에
튜브를 넣고 뽀글뽀글 기체가 나오는 것을 확인한다.
그러나 대부분의 경우 공기를 주입하면
육안으로 확인 가능하다.

8 펑크 난 부분을 확인한다.

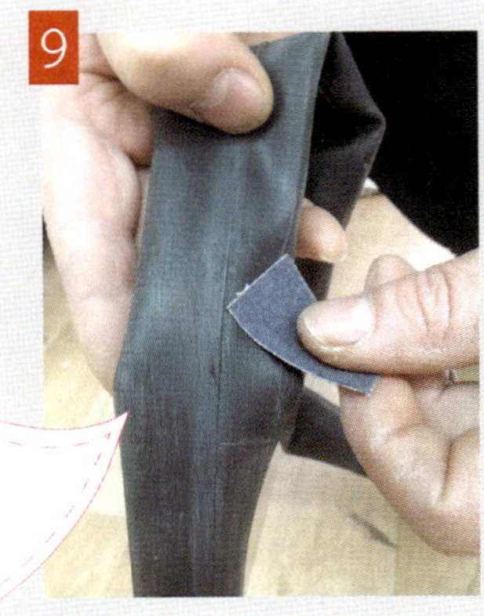

9 사포로 펑크 부분을 문질러 준다.
사포로 문지르는 이유는 펑크부분의
이물질을 제거해 펑크패치가 잘 붙을 수
있도록 하기 위함이다. 너무 세게 문지를
필요는 없고 적당히 몇 번 문지른다.

10 본드를 도포한 후 약 10초~1분
기다린다. 본드를 주변부에 묻힐 때는
너무 두껍게 바르지 말고 얇게 발라
빠르게 건조시킨다.

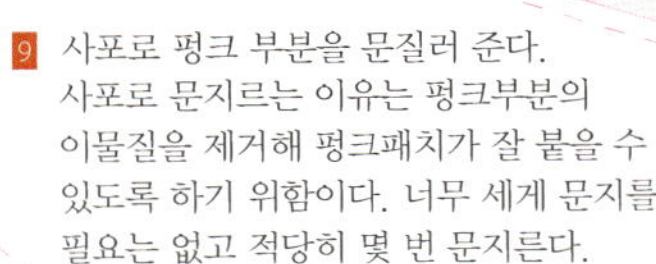

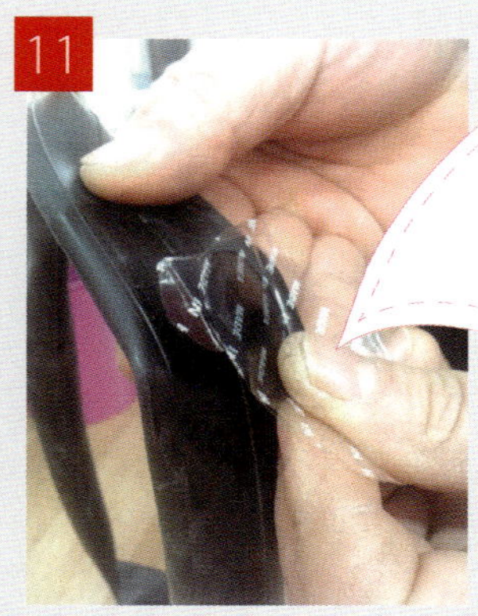

11 패치를 붙인다. 패치의 은박지를 떼고 펑크 난 구멍을 가운데로 오게 하여 접착 부분을 붙인다. 바깥 면에 붙어 있는 비닐은 제거해도 되고 안 해도 된다. 패치 붙인 부분을 꼭꼭 눌러 접착력을 강하게 만든다.

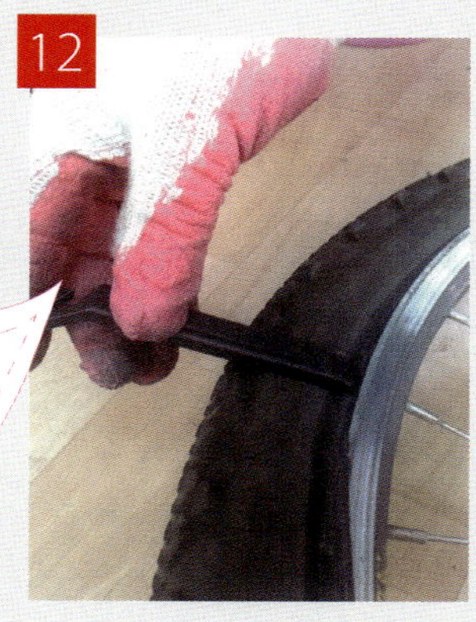

12 타이어에 넣어 장착한다. 튜브를 타이어에 넣고 장착한다. 타이어가 딱딱해서 잘 들어가지 않기 때문에 이때도 레버를 사용한다. 다만 처음 뺄 때와는 방향이 반대가 된다. 레버를 꽂기 전에 튜브가 중간에 끼어 있지는 않은지 확인한다. 튜브가 제자리가 아닌 틈새에 껴 있을 경우 레버를 힘으로 넣다 보면 찢어질 수 있기 때문에 확인 후 레버를 꽂는다.

13 공기를 주입한다. 휴대용 펌프를 밸브에 꽂고 타이어가 단단해질 때까지 공기를 주입해준다. 이때 밸브 부분을 한 손으로 받쳐주는 것이 좋다. 밸브가 약하기 때문에 자칫 에어를 넣는 도중 부러질 수 있다.

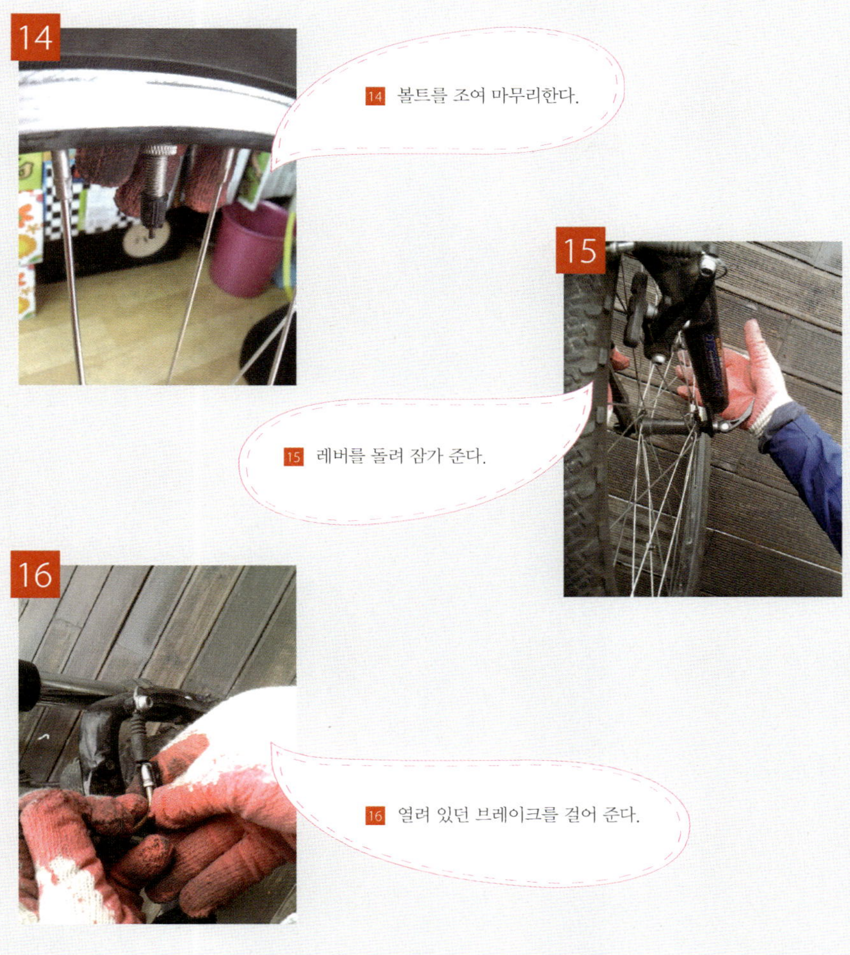

– 예비 튜브로 때우기

예비튜브가 준비된 경우 앞의 과정에서 장착 단계인 12 부터 시행하면 된다. 준비된 예비 튜브를 바로 장착하고 에어를 주입한다. 이와 같은 편리성 때문에 주행 중에는 예비 튜브를 사용하여 신속하게 펑크를 처리하고, 처음 펑크 났던 튜브는 보관했다가 숙소로 돌아와 쉬는 시간에 고쳐두면 된

다. 이렇게 고쳐둔 튜브는 다시 예비 튜브로 사용가능하기
에 재활용할 수 있다.

새 튜브

땜질한 튜브

❈ 오일 발라주기

　오일은 자전거의 관절을 유연하게 해주는 역할을 한다.
오일을 바를 때는 체인에 댄 채로 짜주면서 체인을 한 바퀴
돌리면 된다. 평소와 달리 자전거 여행으로 매일매일 달리
는 중이라면 아침에 출발 전 한 번씩 기름칠을 해주는 것이
좋다. 이때 체인이 맞닿는 다른 곳에는 기름을 바르지 않는
다. 체인에만 발라주면 기어 변속을 하면서 자연스럽게 기
름이 고루 발리게 되어 있다.

　변속이 뻑뻑하거나 체인이 은색으로 빛난다면 오일을 칠
해주자. 주행 중 모래나 먼지가 많거나 비가 내리는 경우엔
하루에도 두 번 이상 오일을 칠해준다.

4 주행 시
유의사항

✢ 안전제일

주행은 안전이 제일이다. 주행 중 양쪽 귀에 이어폰을 모두 꽂는 행위는 매우 위험하다. 차 경적소리에 둔해지고 뒷사람의 경고를 듣지 못할 수도 있기 때문이다. 도로 주행 시에는 갓길로 안전히 다니도록 하고, 50분 주행 10분 휴식을 기본으로 하되, 도로 사정이 좋을 땐 쭉쭉 나가고 잠깐씩 쉬어가도록 한다. 주행시간과 휴식시간은 도로 사정에 따라 체력이 받쳐 주는 만큼 융통성 있게 정한다.

전조등과 후미등, 헬멧은 필수다. 전조등은 내가 갈 앞길을 밝히는 것인데 사실 이보다 더 중요한 것이 후미등이다. 전조등이야 없으면 내가 앞을 똑바로 보고 가면 되지만, 후미등이 없으면 뒤의 운전자가 나를 인식하지 못해 대형사고로 이어질 수도 있다. 후미등의 종류는 다양하니 눈에 확 띄는 걸로 준비하자.

다양한 후미등

후미등 장착

건강관리를 위하여 한낮의 뜨거운 여름 땡볕은 가급적 피하도록 한다. 일사병에 걸릴 수도 있고 탈진으로 쓰러질 수 있다. 반대로 고도가 높은 곳에 가거나 야간주행을 하면 온도가 매우 낮아져 위험하다. 따뜻하게 입고 그때그때 적절하게 조치를 취할 수 있도록 한다. 밥은 고열량으로 든든히 잘 먹도록 하자. 배탈이 날 우려가 있으니 달릴 때는 물이나 탄산음료를 너무 많이 마시지 않도록 한다. 대신 과일로 수분을 섭취하자. 물을 직접적으로 마시는 것보다 수분 흡수율이 높다. 과일과 간식을 간간이 먹으면서 힘을 내서 달리도록 한다.

주행 외에 관광 중에는 현지 소매치기와 강도를 조심하고 밤늦게 혼자 돌아다니지 않도록 한다.

자전거 도난 방지

자전거 자물쇠는 열쇠로 여는 형식과 비밀번호로 여는 형식이 대표적이다. 본인이 편한 것으로 구입하면 된다. 열쇠 형식의 자물쇠는 매번 열쇠를 찾아서 열어야 한다는 단점이 있어, 우리는 편하게 비밀번호 타입을 준비했다. 중요한 건 자물쇠를 거는 방법이다. 일반적으로는 그냥 근처의 쇠기둥이나 나무에 바퀴 한쪽만 묶어 놓지만, 외국에서라면 좀 더 주의를 기울이는 것이 좋다.

자전거 잠글 땐 하나만 기억하자. “프레임을 같이 묶자!” 바로 자전거의 쇠 프레임을 말한다. 어떤 이들은 자전거 앞바퀴에만 자물쇠를 걸고 가는데, 종종 공용자전거거치대에

앞바퀴만 남겨진 채 자전거가 홀랑 사라진 모습을 보는 경우
가 있다. 바로 묶인 자전거 앞바퀴만 놓고 나머지 프레임과
뒷바퀴를 다 가져간 것이다.

아예 안 묶는 것보단 낫지만, 종종 프레임을 훔쳐가는 경
우가 있으므로 바퀴와 프레임을 같이 묶어 놓는 것이 좋다.

✳ 인(忍)

혼자 하는 주행이 아니라면 분명 함께 여행하는 동료와의
관계가 중요하다. 자전거 주행이 계속되다 보면 짜증나는 순
간이 오는데 이런 짜증을 동료 대원에게 풀지 말자. 동료는
유일한 길벗이자 의지할 수 있는 상대이다. 힘든 때일수록 짜
증이 더 쉽게 나겠지만 나 혼자 힘든 것이 아니다. 다 같이 힘
들다. 팀원끼리 마음 상하지 않고 즐거운 원정을 만들어나갈
수 있도록 말하기 전 한 번 더 생각해보자.

5 기록
남기기

　　여행을 다녀오면 남는 건 기록이다. 생생하게 기록을 남기려면 무엇보다 원정 중 하루하루 일기를 써 내려가며 그날의 감상과 느낀 점을 글로 남기는 작업이 중요하다. 그때의 감상은 그 순간 적었을 때에만 나오는 맛과 멋이 있기 때문이다. 멋진 사진은 기본이다. 다만, 남미나 유럽의 주요 관광지에서 지나치게 좋아 보이는 DSLR은 도난 가능성이 있으므로 소지품에 항상 조심해야 한다. 고성능의 똑딱이 카메라를 사는 것도 하나의 방법이다.

　　여행을 다녀오면 짧은 일기가 아닌 여행수필을 써보는 것도 감정의 깊이를 전달하는 데 좋다. 이때 참으로 유용한 것이 포토북이다. 그중에서도 스탑북을 활용하면 손 쉽게 글과 사진을 작업하여 책으로 만들 수 있다. 스탑북에서는 매년 콘테스트를 진행하는데 여기서 대상을 수상하면 정식 출판의 기회가 주어지기도 한다. 무엇보다 우리의 소중한 여행기를 생생하게 남길 수 있는 기회이니 책으로 만드는 것도 좋고, 개인 블로그에 올리거나 앨범으로 만들어도 좋다.

　　막연한 느낌과 기록을 손으로 만질 수 있는 실물로 만드는 데까지 시간은 오래 걸리지만 만들고 나면 평생 남는다. 여행을 아무리 고되게, 그리고 아름다운 기억과 함께 다녀와도 기록을 남기지 않으면 마치 한낮의 꿈과 같으니 가히 기록이 전부라 해도 지나치지 않다. 여행 중 느꼈던 풍부한

감상과 멋진 풍경을 책으로 만들어내면 추억의 순간이 생생
하게 살아 숨 쉬며 우리 곁에 늘 함께할 것이다.

6 자전거 & 실크로드 여행
관련 사이트

>> **실크로드를 찾는 사람들**

http://cafe.naver.com/uighur

>> **자전거로 여행하는 사람들**

http://cafe.naver.com/biketravelers

>> **찰리의 자전거 세계일주**

http://7lee.com/home

>> **굴리고 자전거 세계일주**

http://gullygo.com/

>> **만리행 멕시코 쿠바팀**

http://blog.naver.com/ricycles

>> **늑돌이 여행기**

http://blog.naver.com/loveyusimi

>> **네이버 자전거 지식백과**

그 외 수많은 개인 블로그와 자전거 여행 서적들

참고 문헌

정수일, 『실크로드 문명 기행 – 오아시스로 편』, 한겨레 출판(2006년)

한상복 외 10인, 『비단길 보고서』 수류산방 중심(2005년)

이동순, 『詩人이 걸은 실크로드에서의 600시간』, 도서출판 苦(2004년)

차병직·문건영, 『문명교류에 대한 대위법적 에세이 실크로드, 움직이는 과거』,
㈜도서출판 강(2007년)

심형철, 『꿈의 실크로드를 찾아서』, 포스트휴먼(2007년)

함영덕, 『오버더실크로드』, 늘푸른 소나무(2007년)

정목일, 『한걸음 더빠른 세계 역사 문화 기행 실크로드』, 도서출판 문학관(2007년)

도움주신 분들

맹주억 – 한국외국어 대학교 중국어과 교수(만리행 지도교수)

신창연 – 여행박사 대표이사

심규성 – 한국외국어대학교 선배, 여행박사 근무

정수일 – 사단법인 한국문명교류연구소 연구소장

배병호 – DMZ 생태띠잇기 사무총장

박태호 – BIC BIKE(빅바이크) 대표

젊은 가슴으로 세상을 호흡한 만리행 선후배님들

special thanks to 부모님들

편집후기

대학 초년 시절 다녀온 2번의 자전거 원정과 1번의 배낭여행 경험은 갈피를 못 잡고 이리저리 치이던 제 인생의 나침반과도 같은 존재였습니다. 하지만 너무나 좋았던 그때의 매 순간과 그 당시 느꼈던 커다란 감동들이 시간이 흐르며 점차 기억 한편으로 아득해져만 가고 있습니다. 매 순간을 기록하고 꺼내어 들춰보지 않으면 여행을 하며 느낀 수많은 보물과도 같은 감정의 화수분을 잃어버릴 수도 있다는 것을 뒤늦게야 깨닫게 되었습니다.

그간의 여느 여행보다 훨씬 많은 동료들이 함께 하였던 '55일간의 실크로드 여행'. 그만큼 함께 부딪혀가며 겪었던 일도, 함께 나눴던 희로애락의 감정도, 그리고 미처 하지 못했거나 앞으로 하고 싶은 가슴속의 이야기까지. 지금이 아니면 이 모든 것을 온전히 담아내지 못한다는 사실을 그간의 경험이 말해 주었습니다.

우리 팀원 12명의 진솔한 이야기를 최대한 이끌어내어 담고자 노력하였고, 지난 '청춘, 실크로드 위에 서다'를 여행이 끝난 지 1년이 다 되어가는 오늘에서야 탈고脫稿하게 되었습니다.

아직 글쓰기가 무엇인지도 잘 모르는 문학 초년생과도 같은 우리 12명의 글을 좋게 봐주시고 너그러이 읽어주신 독자 여러분과 이에 '스탭북 대상'이라는 큰 상까지 수여해 주신 스탭북 관계자 여러분께 감사의 말씀을 전합니다.

무엇보다도 이 책이 완성되기까지 너무나도 멋진 팀워크를 발휘해준 이종현 대장, 재두 형, 희윤이 형, 성훈이 형, 은혜, 진우, 선호, 지혁이, 지수, 명준이, 형근이에게 진심으로 고맙고, 함께여서 행복했다는 말 전하고 싶습니다.

2011 실크로드팀 진심으로 사랑합니다.

2012. 5. 31. 외대 후문 반지하 방에서

– 실크로드팀 부대장 **김수현** –

    스탑북으로 '청춘, 실크로드 위에 서다' 1, 2권을 만든 수현이 중국으로 떠나고, 정식 출판 작업을 맡은 지 어언 1년. 원정이 끝난 지 2년이 다 된 시점에야 겨우 책이 나오게 되어 조금은 민망하고 더 빨리 해내지 못했음에 아쉬운 마음이 듭니다. 그러나 2년이 지난 지금, 우리의 여행에서 오는 감동은 시간의 격차를 넘어 오롯이 전달되리라 믿습니다.

    직장생활과 출판편집을 병행하며 쓰라린 눈으로 컴퓨터와 씨름할 때면 괜히 한다고 했나 하는 생각이 들곤 했지만, 출판이 무산되려 했을 때 잡았던 것을 후회하지는 않습니다. 출판을 위해 지난 1년간 포기했던 커리어, 건강, 개인생활. 그러나 큰 인생의 범주 안에서 볼 때, 우리의 책이 세상에 나올 수 있었단 점 하나만으로 이 모든 게 다 보상되는 것 같습니다.

    저희의 글이 뛰어난 바는 없습니다. 하지만 현재 대학생, 취업준비생, 직장인이 된 우리 12명이 각기 가졌던 고민, 그리고 지금 하고 있는 고민들이 이 여행과 함께 진솔하게 녹아 있습니다. 이는 결국 지금 여러분이 갖고 있는 고민과도 같을 거라고 생각합니다. 이 책을 가볍게 여행 에세이로 읽어도 좋고, 단순히 사진 구경으로 끝나도 좋습니다. 하지만 저는 이 책이 여러분의 마음속 고민을 함께 나누고 잠깐의 일탈을 경험할 수 있게 해주는 책이 되었으면 합니다.

    마지막으로, 우리의 여행이 있을 수 있게 해주신 12명 대원의 부모님과 만리행 선배님들, 실크로드 위에서 만났던 무수한 인연들, 그리고 한국에서 물심양면 도와주신 여행박사와 환경운동가 배병호 선생님께 깊은 감사의 말씀을 전합니다.

2013. 8. 12. 영종도 바다가 보이는 집에서
– 실크로드팀 현지교류팀장 김은혜 –

청춘 실크로드를 달리다

초판인쇄 2013년 9월 5일
초판발행 2013년 9월 5일

지은이 만리행 실크로드팀
펴낸이 채종준
기 획 권성용
편 집 한지은
디자인 홍은표
마케팅 송대호

펴낸곳 한국학술정보(주)
주 소 경기도 파주시 문발동 파주출판문화정보산업단지 513-5
전 화 031) 908-3181(대표)
팩 스 031) 908-3189
홈페이지 http://ebook.kstudy.com
E-mail 출판사업부 publish@kstudy.com
등 록 제일산-115호(2000.6.19)

ISBN 978-89-268-4617-9 03040 (Paper Book)
      978-89-268-4618-6 05040 (e-Book)

이담 Books 는 한국학술정보(주)의 지식실용서 브랜드입니다.